新版

ずっと幸せが続く

「魔法の結婚式」

～ 世界に一つだけの結婚式は「何のため?」から始まる ～

(有)クロフネブライダル代表取締役

中村典義

「結婚式なんてみんないっしょだよね」


こんな声よく聞きませんか？

でも私の前に来るカップルさんたちは、

「私たちらしい結婚式がしたいんです。他のみんなと同じじゃ嫌なんです。」

と言います。

でも、

「どうすれば〝あなた達らしい〟結婚式になると思いますか？」

と聞くと、お二人は「・・・」

もうひとつ、

「結婚式をやる意味って本当にあるの？」

これは口に出さなくても、彼の顔に書いてあります。

だれを呼べばいいのかわからない、いくらかかるか見当もつかない。
自分達のプランなんて思いうかばない。
でも人とは違う自分達らしい結婚式をしたい・・・。

では、"あなたらしい"って何でしょうか?
結婚式の意味って何でしょうか?
私がいつも最初にお話しすることは・・・

『何のために結婚式をするのか、一緒に考えてみませんか?』

ここから全てが始まります。

まえがき　～改定版に添えて～

本というのは不思議なものですね。

私の手元を離れ、私の知らないところで勝手に私の話をしてくれるのです。一度もお会いしたことのない人から「この本を読んでこんな結婚式をしたいと思って！」と、プロデュースの依頼を頂くようになりました。

結婚する友人や子どもに、「この本をプレゼントしたいんです！」と買ってくださった方や、ブライダル学校の教材として活用してくださったり、本屋さんが絶対に読んで欲しいと手作りのＰＯＰを作ってくれたり・・・。

自分の分身のようなこの本が、私の知らないところで、誰かのお役に立つ。

こんな嬉しい事がこの先もずっと続くよう、ここ数年で私が新たに学んだことを少し書き加えて、この度、改訂版を出版させて頂くこととなりました。

この機会を与えてくださった、版元のごま書房新社さんに心から感謝しつつ、この瞬間にも誕生している新たなカップルの元へ・・・。

さらにたくさんの方へ、この本が届くことを願って・・・。

中村典義

『新版　ずっと幸せが続く「魔法の結婚式」』目次

1章 何のために結婚式をするのか？

2章 お互いをよく知る

3章 幸せへのハードル

プロローグ
～『魔法の結婚式』誕生～

◆教わった「世界にひとつ」

私は、ブライダルプロデューサーとして、今までにたくさんの結婚式のお手伝いをさせていただきました。

今は全国からいただくご要望にお応えする為に、その土地の会場さんと協力して一緒に作り上げる出張ウエディングというスタイルで結婚式をおこなっています。

ですが、最初は自身で営む『Ｋｕｒｏｆｕｎｅ』というレストランで、まさに思う通りの結婚式を自由にやってきました。

自分の経営していたレストランでいきなり結婚式を始めた私には、結婚式場で修業した経験もブライダルスクールに通った経験もありません。

そんな私の先生は現場でした。たくさんの結婚式を経験しながら学んでいったのです。

新郎新婦やご両親、おじいちゃん・おばあちゃん・ご兄弟・ご親戚・ご友人・職場の先輩・同僚など、そこに集うたくさんの人達の想いが私を少しずつ、少しずつ成長させてくれました。

普段はベールに隠れていて表に出ないけど、一生に一度の日だからこそ見えてくるたくさんの想いに触れさせてもらって、私は育ちました。


例えば、新婦さんのお手紙からこんなことを教わりました。

定番なんて言われていますが、結婚式をおこなう前後は、親御さんとの繋がりを見つめ直す最高の機会なんです。

ある新婦さんは、中学校の頃からずっとお父さんを拒否してきました。思春期の頃にはよくあることで、大人になれば自然と元通りになるものですが、この新婦さんは結婚式の日までずっと引きずったままでした。そこで新婦さんは手紙でお父さんに謝りました。


「今までずっとごめんなさい。もしも時間を戻せるなら、お父さんといろんな話をしたい。受験のこと・友達のこと・就職のこと・結婚のこと・・・失った時間は元には戻せないけれど、これからはお父さんといろんな話がしたい」

泣きながら手紙を一生懸命読む新婦、微動だにせず聞き入る父の頬をつたう涙。

この父と娘は今、失った時間を取り戻すように、月に一回一緒にごはんを食べに行っているそうです。


打合せ中の新郎さんからも教えていただきました。

新婦さんがトイレに立った時、何人もの新郎さんから同じことを言われるのです。

「安くおさえたいんです・・・」

最初は、「結婚式なんて面倒」「家族、親戚の体裁のために仕方なく」「彼女がやりたいから」なんて思っているからかと思いましたが、多くの場合それは違いました。

不安だからなんだそうです。夫として、彼女を守っていかなければいけない、でも必ず守れるという保証があるわけではない。お金は彼女を守る為にとても大切なものです。

お金があれば、食べる物も着る物も寝る所もなんとかなる。つまり、彼女を守ることができる。だから貯金を一円でも多く残しておきたい。「好き」と言ってる頃には気づかなかったことが、結婚式の準備が始まってようやくそのことに気付くのです。

そんな彼らの本音を知り、ブライダルプロデュースの仕事は結婚式をおこなうことだけではないんだ・・・と強く感じました。

そして、バージンロードの父と娘の姿にも「本当」を見ます。

父親が娘の手を取り、バージンロードを歩く姿。自分の手と繋いでいた娘の手を、夫になる男の手の上に乗せる姿。万感の思いを込めた父親の姿には、いつも胸を締め付けられます。

ある時は、「後は任せた！」と大声で叫んだ父親がいました。

また、彼に娘の手を渡す直前、思い立ったように娘を強く抱きしめ「今までありがとう」と言った父がいました。

しかしほとんどの父親は「娘をお願いします」と言いながら、ただただ、深く頭を下げられます。父親としてできることはそれしかないのです。

そんな姿を前にして新郎は、とてつもなく大きなものを譲り受けたことをようやく知ります。

新婦の親へ結婚の挨拶に行ったら笑顔で「二人がいいと思うようにやりなさい」と迎えられ、信頼されていると安心していたけれど・・・本当は、そんなものじゃなかった・・・。

バージンロードで、お父さんの一番大切なものを譲り受けた責任の重さに、新郎は真顔になり、震える手で新婦さんの手を握る・・・そんなシーンを何度も見てきました。

私のブライダル人生は、こんな経験の積み重ねです。

特に感じたことは結婚式に絶対成功の法則はないということでした。答えはそれぞれのカップルごとに違うのです。

だから、結婚式づくりはカップルごとに毎回ゼロからのスタート。「前回といっしょ」も「いつもと同じ」もありえません。

でも考えてみればあたりまえのことですよね。だって、その新郎さんも新婦さんも世界にひとり、そのカップルは世界にひとつ。生まれ育った家もこれから作る家庭も世界にひとつなんですから。

そうやって、私は「世界にひとつ」への向き合い方をひとつひとつの結婚式から学び、そして今も教えられ続けています。

◆魔法の秘密は「何のために」

さて、そんな私が手がける結婚式、他とはいったい何がちがうのでしょうか？

別に変わったことをしたいとは思っていませんし、事実パッと見は、そんな目立った違いはないと思います。

でも必ずといっていいほど「こんな結婚式はじめて」と言っていただきます。

では、違いは何なのでしょう？　答えは考え方かな・・・と思います。

私はこう考えています。

〝結婚式には、いつの時代も変わらない『三つの人間関係づくり』と、『最新・最先端のもの』が同居している"と。これはどちらも大切です。

まず、『三つの人間関係づくり』です。

人と人とが気持ちでつながっていくことは、今も昔もそれほど変わりません。

一つ目は『夫婦づくり』

二つ目は親や親戚を含めた『家族づくり』

三つ目は友人や会社関係などの他人を含めた大きな『人の輪づくり』

それに対して、『最新・最先端のもの』とは目に見えるもの。

会場・チャペル・ガーデン・ドレス・ヘアメイク・写真アルバム・引き出物・花・ウェディングケーキなど、形あるものです。

これらは毎シーズンごとに新しいもの、最先端のものがこれでもかという勢いで出てきます。

そして結婚式を控えたカップルは、ほとんどの場合「これらのアイテムの中から何を選ぶか」だけが結婚式の準備だと思っています。

だからあれこれ思い悩むのです・・・それしか教わってないから・・・。

でもちょっと待ってください。何を基準に「良い」「悪い」を選んでいますか？

そのアイテムの中のどれを選ぶと"あなたらしくなり"、どれを選ぶと"あなたらしくなくなる"のでしょうか？

何を選ぶと幸せになれて、何を選ぶと不幸になるのでしょう。

予算でしょうか？　もしそうであれば、あなたらしさはお金ということになりませんか？

色でしょうか？　もしそうであれば、カラーコーディネートで赤を選んだあなたには、ぜったい青は似合わないのでしょうか？

そしてもうひとついじわるな質問です。

20年前の花嫁さんのドレスやヘアメイク、今見ると『ダサい』と思ってしまいませんか？　当時は最先端だったはずなのに・・・。

そうすると今日あなたがこだわり抜いて選んだ最先端のドレスは、20年後には『ダサ〜イ』と言われてしまうっていうことですよね？

だからドレスなんて何でもいいと言っているわけではありませんよ、念のため。

時代によって移り変わっていくものはあくまで外側の部分で、中身の本質は時代を経ても色あせることはありません。

その両方が大切なのです。

一生に一度しか着られないドレス、こだわらなくてどうしますか。でも、それが全てではありません。

最先端のオシャレなドレスを着ればOKなのではなく、大切なのは〝そのドレスを着て何をするか、どう過ごすか〟です。

当日は「ステキなドレス、とってもきれい!!」とみんなから言われます。

しかし10年、20年経った後に「今思い返してもあの結婚式は素敵だったね。」と言ってもらえるそのステキは、おそらくドレスでもその他のアイテムでもない、きっと結婚式の本質であり、当日の二人が披露した『姿勢』なのです。

そこにたどり着くための鍵になるのが『何のために結婚式をやるのか？』ということだと私は考えています。

◆汗ではない何かを拭う オヤジが教えてくれたこと

『何のために』この意味を少し考えてみましょう。

結婚式とは、当事者のカップル、友人たち、新郎新婦の親御さん、親戚の方々・・・いろんな人のいろんな思いが溢れている時間です。

どうせならそんな思いを形にしてみてはいかがでしょう。

『そんなこと言ったってどうやるの？』

では、それを形にした結婚式をご紹介します。

私にとっても忘れられない、まさに『何のために結婚式をやるのか？』を表現してくれた結婚式です。

もう10数年前のことです。ある新郎新婦の結婚式の準備に励んでいたとき、新婦のオヤジさんが来て下さいました。

「会場見学と進行状況の説明」という名目で呼び出されたオヤジさん。実はわざわざお越し頂いたのには別の目的がありました。

新婦のオヤジさんはうなぎ屋さん。コテコテの職人を絵に描いたような人。店に来るなり、にらみつけるように店内をチェックしているように見えました。

そして、私達のウェディングの考え方や進行状況などを説明していきます。オヤジさんは腕を組んで口をへの字に結んだまま、威圧感を醸し出しながら・・・。

こういう状況になったのは、前回の打ち合わせの新婦さんの一言からでした。

この新婦さんは、うなぎ屋の娘として育ちました。だから『私はお父さんのうなぎで育ててもらったのだから、結婚式にはできればお父さんのうなぎを出したい』

彼女はそんな事を考えていました。お父さんのことが大好きなのです。

そこで、先日の打ち合わせでこんなことを言われました。

「中村さん、お父さんにうなぎの白焼きを用意してもらって、それを使ってシェフにコースの魚料理を作ってもらえませんか？」

「はい、もちろん出来ますよ。ではお父さんにお越しいただき、直接打ち合わせしましょう」

「すみません。なにせ職人なので細かい事にうるさくて・・・」

答えた私の頭の中は、すでに全然別の事を考えていました。

『さあ、今までにない大仕掛けになるぞ！』と。

そして先程のお父さんが「ご来店！」の場面となります。

「お父さん、うなぎってどう食べるのが一番美味しいですかね？」

「そんなもん、かば焼きに決まっとるだろうが！」

「やっぱりそうですよね。実はお父さんにお願いがありまして・・・娘さんの結婚式でうなぎのかば焼きを焼いてほしいのです」

「・・・はあ？？？」

お父さん、キョトンとしています。

「白焼き」でなく「かば焼き」と聞かされた、新婦もキョトン・・・。

「あんた気楽に言うけど、「かば焼き」は大変なんやぞ。焼き台に炭にタレを用意して、道具だけでもおおごとやし！」

「ええ、でもお父さんのお店に全部ありますよね？」

「油もすごく飛ぶし、煙も凄いしえらい事になるやろ・・・」

「焼き始めたら皆さんに窓を開けてもらえばいいし、次の日はちょうど定休日ですので、みんなで大掃除をします」

「いや、しかし・・・」

「ビールでお酌をしてのおもてなしはどこの親でも出来るけど、うなぎでもてなせるのはうなぎ屋のオヤジだけですよ」

『・・・』

そして当日の朝、店の屋号の入った軽バンに道具を満載して、お父さんが来店。

受付時間中、どの親御さんも正装をして、来られたゲストをお迎えするのが当たり前の中、お父さんは裏でひたすら炭おこしです。

私達が『代わりにやりますよ』と言っても、『あほ！　火加減を人に任せられるか！』と一喝、汗だくで火を熾しています。

いよいよ結婚式が始まりました。乾杯が終わり、さあ食事歓談の時間です。館内にドヤドヤと道具が運び込まれます。皆さん何事が始まるのと見守る中、ねじり鉢巻を締め、割烹着に着替えたお父さんが威勢よく登場しました。店を継ぐお兄さんと共に盛大にうなぎを焼き始めます。

「すみません。火災報知機が鳴るといけないので、お近くの窓を開けて頂けますか？」

私たちもアナウンスで盛り上げます。

そんな中、うなぎを焼く、『あのものすごくいいニオイ』が館内に広がります。この日ばかりは、うちのシェフ自慢の料理も形無しです。

その焼きあがったうなぎをドレス姿の新婦さんが皆さんのテーブルに運びます。

そして、新婦さんがこう言います。

『私を育ててくれた父のうなぎです。どうぞ召し上がって下さい』

なんとも誇らしげな娘の顔。

『私はこのうなぎで大きくしてもらった』と新婦の顔にそう書いてありました。


本当は魚料理の食材として白焼きを提供してもらうはずが、とうとう店内でお父さんに自慢のかば焼きを焼いてもらう事になりました。でもお父さんが打ち合わせに来てくれた日から絶対成功すると確信していたのです。

だって店に入って店内を見渡した瞬間、お父さんはこうつぶやいたのです。


『俺の店もこれくらい広かったらな・・・』

このつぶやきが確かに私の耳に聞こえてきたんです。

お父さんの一番の自慢、娘さんやお母さんの思い。そして、うなぎのかば焼きはみんなが笑顔になるおいしい料理。成功しないはずがありません。

お父さんは料理人なんです。娘の一番大事な日、自分の料理でもてなしたいって、本物の料理人ならそう思っても不思議ではありません。

「何のために結婚式をやるの？」その答えがこの結婚式に詰め込まれています。
私がつくる結婚式とはそんな思いを形にするものだと考えています。

このオヤジさんと娘さんの例だと、確かに衛生管理や食中毒の問題、かかる手間や労力、そして失敗する可能性など・・・。様々な問題が付きまといます。
失敗の許されない一生に一度の結婚式で、それほどのリスクを冒してまで、そんなことをやる価値があるのか？

「いや、あるはずだ！」

あの日のウナギを運ぶ娘の顔と、『汗ではない何か』を拭きながら懸命にウナギを焼くオヤジの姿、それを嬉しそうに涙ぐみながら見守るお母さん、おいしそうに食べる参列の方々・・・。
あの日のシーンが『**一生に一度の日くらい妥協なんかしてはいけない**』という私の思いをいつも後押ししてくれています。

結婚式の準備をすることで、夫婦そのものを作ることができる、そんな魔法の結婚式があります。

いつかあなたがあげる結婚式。
いつかあなたの娘さんがあげる結婚式。
いつかあなたの周りの誰かがあげる結婚式。

そんな一生に一度の特別な日に、この本が少しでも役に立ってくれているようで嬉しい限りです。

新章

魔法の結婚式で
幸せになったカップルたち

本書の読者から実際に、私にプロデュースの依頼をされ（「魔法の結婚式」を挙げていただき）、幸せへの道を歩みだしたカップルがたくさん誕生しています。

その中でも、私が大きく心を揺さぶられた二組の披露宴までの様子をお話したいと思います。

幸せのレシピ

私はお呼びが掛かれば全国どこへでも行って結婚式をつくるのですが、そんな中でも、夫婦が幸せになる為に、お嫁さんの嫁ぎ先と、そこに住む人たちとの関係性の事を真剣に考えたお披露目を紹介します。

場所は種子島。鹿児島から船で二時間近くの宇宙ロケット打ち上げと鉄砲伝来の島です。この島に住む新郎と、鹿児島の新婦さんのお披露目です。

まず困ったのは、収容できる会場が昭和の高度成長期の化石？　みたいな所一カ所しかないことです。さらに、料理は最初から御膳の上に全てならび、飲物は勝手に持ち込んでくださいとのこと。

つまり、おもてなしらしきことは一切できないというか、これが島スタイルだ

ということでした。

ですが、島の人は慣れているからいいでしょうが、鹿児島からやってくる彼女の家族や親戚や友人はびっくりするでしょう。この島に新婦一人を残して帰るのが心配になるかも・・・。

そう思った私は、置かれた環境の中での最大限を引き出すために、島の人達に様々な協力をお願いしつつ、このお披露目のレシピを考えていきました。

まずは、島中の神社を調べて、岬の突端にある大海原を見渡せる神社で特別に結婚式をやらせてもらうことにしました。この絶景を見れば、誰もが島を素敵と思うこと間違いなしです。

島の素潜り漁をする友人に、結婚式当日の朝に潜って魚を獲ってきてもらい、これまた友人の板前さんに披露宴中にとびきり新鮮なお刺身にしてもらう約束を。

そして、採れたての魚を島のおばちゃん達に潮汁にしてもらうお願いもしました。温かい物が出せるし、割烹着姿の島のおばちゃんから振舞われたら更に美味しく感じるはず。

島一番のケーキ屋さんに小さめのケーキを何百個も作ってもらう発注もしました。カジュアルにデザートバイキングをおこなって、みんなでわいわい楽しんでもらう。鹿児島の人がちょっとびっくりするくらいキレイで美味しかったら、島の人も鼻高々ですよね。

そんなことを沢山つめこんで、とにかく島が・島の人達が、「お嫁さんを大歓迎している」ことを鹿児島から来る彼女の周りの人達に知ってもらって、安心してもらおう・・・と考えました。

ですが、実はここまでは、まだ第一部です。

続きは披露宴が終わった後の二次会、なんと会場は公民館。

しかも田舎の昔ながらの公民館。集まるのは彼の親戚・職場・友人・そして近所の人達。彼女の周りの人は、最終の船で鹿児島に帰って誰もいません。

料理や振る舞いは、慣例で近所のおばさま達の役目です。ここで今度は新婦の出番です。綺麗な服を着て高砂席に座るのはやめて、エプロンを着け、近所のおばさま達に交ざっておもてなしをしてもらいます。

普通、結婚式の二次会といえば、華やかな服で、会場の中心で祝福を受けまくるものでしょう。

しかし、このカップル、この種子島においてのお披露目に限っては、そうではない気がするのです。

島では何かあるたび、住人が協力して事にあたります。これから島で生活していけば新婦もその一人として、住人の輪に入って一緒にやっていくことになります。

その輪の中に快く入れてもらえたら、島での生活は幸せになります。嫌われたらかなり辛いですよね。

だから本当は華やかな服を着てすまして座っていていいはずの時に、エプロンを着けてみなさんの輪に自分から「私やります！」と、飛び込んで行ってもらいました。

これがレストランならばそんな必要はないのです。料理を作るのも飲物をサービスするのも、会場の準備も片付けもみんな店の人がお金と引き換えにやってくれます。ゲストはおもてなしを受けるだけだから、新婦は華やかな笑顔を振りまいていればいい。

でも、ここは島の公民館。お金を払って動いてくれるのではなく、ご近所のおばさま方が好意で料理を作ってくれ、準備をしてくださる。

いくら慣例であっても〝若くて綺麗な女の子がさらに着飾って、みんなに祝福されて、笑顔を振りまいている姿〟だけを延々と見せられれば、イヤミのひとつも言いたくなるかも知れません。

でももし、そのお嫁さんがエプロン姿で現れたらどうでしょう？　きっと誰もが「今日の主役はあなたなんだから、そんなことはしなくていい」と言うでしょう。しかし自分のお披露目の時に、自分から住人の輪に飛びこんで末端の仕事をしようとしたら・・・島の人はこの新しい住民を可愛がってくれるんじゃないか？

自分のお披露目の時に、みんなの輪に入る予行練習をしておけば、今後の島の集まりの時にも、当たり前のように自然とその輪に溶け込めるのではないでしょうか？

そして披露宴の時に高砂席を飾ったお花は、このおばさま方の人数に分けられるように作っておいて、二次会の終わりにお世話になった感謝と、これからよろしくお願いしますの気持ちを込めて、おばさま達にプレゼントします。

みんな嬉しそうに持ち帰ってくださると嬉しいね。

実はこの結婚式、今まさに準備の真最中です。幾度となく種子島に足を運びながら・・・このお嫁さんが島にとけこんでいく姿を想像しながら・・・ドキドキとワクワクの準備を進めています！

幸せになるためには、自分たちが何をしたいかよりも、誰に対して何をすると幸せになれるのかを考えること。

そんな幸せのレシピを考えると、幸せへの道筋も見えてくるのではないでしょうか。

その家のカタチをつくる

「ちょっとちぐはぐなカップルだなぁ」

　高知県のとあるカップルと、初めて会った時の印象でした。

　彼は26歳の自衛官。見るからにシャイで真面目で不器用そうです。彼女は5歳年上のとても綺麗な人。きっと今までもチヤホヤされてきたはず。シャイな彼に生まれて初めてできた彼女。しかも相手は年上の大人で綺麗で華やかな人。

　彼は夢中でした。迎えや送りはもちろん、彼女のために何だってしてします。ちょっと不安に思いました。彼の同僚や上司が心配するくらい、彼の中では彼女を中心にして地球が回っているようでした。優しい彼氏ではありますが、優しいだけでなく素敵な夫になれるか？　幸せな家庭を築けるか？
そこで、私はひとつの条件を出しました。それは、彼からこんな話を聞いたからです。

私が「自衛官って今や災害の救助や復興支援ですごく評価されていますよね」と言ったら彼はこう言いました。

「こんなことを言ってはいけないかも知れませんが、あれは本当の私達の仕事じゃないんです。決して任務を軽んじているわけではありません。でも私達の仕事は日本国を守ること、日本国民を守ることです。
世の中の仕事は、努力が報われることを願って頑張るじゃないですか、でも僕らの仕事は、努力が無駄になることを願って頑張るんです。だって努力したことが役に立つ時って戦争や災害ですから」

26歳の青年がハニカミながら言ったこの言葉が忘れられず、私はお二人にこんな話をしました。

「お二人の間に男の子が生まれたことを想像してみてください。

その男の子はお父さんの背中を見て育ちます。彼の誠実で真っすぐで正直な背中を見て育ったら、この子はきっと同じように真っすぐな男になる。そのことが、この家の幸せなんじゃないでしょうか？

もし奥さんが彼の真っすぐさや誠実さを自分が楽をするために使ったら？

ゴミ出しをさせ、風呂掃除をさせ、運転手をさせたとしたら？

もちろん夫婦は協力し合うべきだと思うけれど、相手の優しさに甘えて、こき使うのは違いますよね。

それを見て育った子どもがお父さんの誠実さや正直さを馬鹿にする子どもになってしまったとしたら・・・これはこの家にとって不幸なことですよね。

だから彼の誠実さ、真っすぐさ、正直さを家の真ん中にドーンと置いて、奥さんがそれを磨いて光らせる・・・そんな家をつくろうと思ってくれるなら、私は喜んでお二人の結婚式をプロデュースさせていただきます」

次の打合せの時に彼女はとてもシンプルでナチュラルな装いで来られ「国を守る彼を支える生き方をします」と言ってくれました。

結婚式当日、ゲスト一人一人に「よろしくお願いします」と頭を下げて回る新婦の姿がありました。お祝いに集まった仲間の自衛官みんなが、心から羨む素敵な花嫁さんを隣に彼は誇らしげでした。

そのカップルが作るべき家のカタチが見えると、迷うことなく進むことができるように思います。

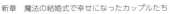

世界に一つしかないそれぞれの「魔法の結婚式」
～本書の読者から生まれた素敵な結婚エピソード紹介～

本書を刊行して数年、その間にもたくさんのカップルたちのプロデュースに携わってきました。もちろん、先の二組の他にも、私が感極まった結婚式はたくさんあります。

そして、結婚式の後日、感動的なお手紙や感想をいただくことがあります。大きな壁を乗り越えたカップルたちの実体験です。結婚を考えるみなさんにも読んでいただきたいので、ここで多くの手紙からの抜粋ながらご紹介させていただきます。

【まずは、超プラス思考の楽しいカップルの登場です】

兄夫婦からの一冊の本『魔法の結婚式』のプレゼントがクロフネブライダルとの出会いでした。

30歳を目前にし、お互い結婚式に呼ばれることも多かった私たち。本の冒頭にもある、「結婚式ってみんな一緒」「もし結婚式やるなら『私たちらしい結婚式』がしたいよね！」はいつも二人の会話に出ていた言葉でした。

そんなとき、その本の著者である中村さんのセミナーを知り、本当にできるの？ と期待（と疑心暗鬼）で参加しました。でもセミナーを聞き納得！ その後中村さんとお話しさせていただき、本当にやりたい結婚式が出来るかもしれない！ と思いました。なんで一年も後回しにしてきたんだろうと猛反省・・・。

準備の最中、中村さんから問われるのは、お互いのこと、将来のこと、周りの人達のことばかりでした。

こんなにもお互いの事を考えたことあるかなってくらい相手の事を思い返し、私たちはどんな夫婦になっていきたいんだろうって未来をイメージして、それを重ねていったら、私たちは頭が上がらないほど大切な人たちに囲まれていることを再確認しました。この人たちがいなかったら今の二人がいないのだと気づかせていただきました。

だから、私たちは結婚式を作ってる期間で、本に書いてある、夫婦づくり、家族づくりをしてきたんだなと今ではわかります。

今、入籍したあの時よりも、結婚式を挙げたあの時よりも、本当に今が幸せだねと笑い合って言える二人になっています。

宮城県　窪田信司・伶郁

このお手紙からもわかるように、私の結婚式は〝何も特別なこと〟をしているわけではありません。だから、他のブライダル関係者から見ると、正直地味と言われるかもしれませんね。

でも本当に、結婚する新郎新婦たちが満足や納得する演出とは何でしょう？

というのも準備中のお二人に「一番に何がしたいんですか？」と聞くと、「精一杯おもてなししたい」「ゲストに楽しんでいただきたい」「テーブルに行ってたくさん話したい」「いっしょに写真を撮ったりしたい」・・・そんな意見ばかりなんです。

実は、ゲストとそんな時間を過ごせるのは、何もしていない〝フリーな時間〟

だけなんです。不思議ですよね。

ゲストに楽しんでもらいたくていろんな演出を考えたのに、当のゲストにはもっとゆっくり話したかったと言われる・・・お金をかけてたくさんの演出を詰め込んだせいで、本当は一番したかったゲストとふれあう時間がなくなってしまう・・・。

だから、私はお二人に「披露宴のメインイベントはフリーな歓談時間ですよ」とお伝えしています。そこでしかお二人はゲストと直接触れ合えないからです。

演出は退屈しない程度にとどめて、自由時間をたくさん作ると、費用0円でゲストに喜ばれること間違いなしです。

【次に、今度はなんと結婚式3週間前に結婚の価値観が変わり、私にプロデュースを依頼された震災を乗り越えたカップルの結婚式です】

式当日から3週間前の依頼は、クロフネブライダルではまだ記録ではないでしょうか・・・。

なぜそうなったかというと、結婚式の打ち合わせをしていくたびに違和感や不安がつのっていったのです。

まるでレールの上に乗せられたように淡々と決められていく打ち合わせ。

自分たちがしたい結婚式は本当にこれでいいのだろうか・・・。

招待状も出し終わり切羽詰まったそんなときに主人が出してきた中村さんの本を読んでまさに私たちがしたいのはこれだ!! と思い、すぐに電話をしてみることにしました。そして、無茶なお願いにも関わらず、中村さんは快く引き受けてくれました。

その時の言葉を主人は今でも忘れられないそうです。

その一言とは「ぼくらは頼まれたことには〝ノー〟と言わないんですよ。出来る限りのことをやりましょう!」なんと3週間前の依頼でも引き受けていただいたのです!

当日の結婚式はまさに魔法でした。それはどんな結婚式かというと、本で読んだ通りの『おめでとうの前にありがとう』と言える、まさに私達がしたい結婚式でした。

宮城県　瀧澤崇・陽子

結婚式はほとんどの方にとって初めての経験なので、最初の頃は何をどうしていいかわからないという方が多いものです。結婚式が近づくにつれて色々なことがわかってきて、ようやくやりたいモノが見えてくることは、よくある事です。

ですので、繰り返しますがまずは、「何のために」を考えることが大切です。そして、背伸びや体裁を気にせず、「自分たちらしさ」でおもてなしすることが一番喜ばれます。

実は先のカップルの出会いは東日本大震災がひとつのきっかけでした。松島の港の傍にあった稲庭うどん屋さん。そこの店主の息子さんが新郎です。地元の人に愛されていたそのうどん屋さんも大きな被害に遭いました。津波がここまできたことを示す印が、柱の2メートル近くのところに刻まれていました。地元の人、ボランティア、そして友人達の手で泥が掻き出され、ゴミと化した家財道具が運び出され、なんとか店は営業できるまでに漕ぎ着けました。

しかし、店主であった父の折れてしまった心までは元に戻りませんでした。たくさんの友人が駆け着けてくれて、綺麗にしてくれた店。でもそこに、威勢良くうどんを茹で、店に響き渡っていたはずの〝オヤジ〟の声はもうありませんでした。キレイになった店の片隅で、老木のように佇む父、そんな父の姿をずっと見てきた息子が立ち上がりました。

「僕が店を継ぐ。だから父さん、僕にうどん作りを教えて」

父の元で修業を始めた息子。息を吹き返し、少しずつ目に光が戻っていく父。父と息子の二人三脚は続き、やがて軒先に暖簾を掲げ、店は再開されました。実は、店の再開を願い一緒に泥水をすくい取ってくれた女性こそ今回の新婦さんでした。そんな彼女と、晴れて結婚することが決まったのが3年後のことでした。そして、結婚式場との打ち合わせの最後の最後で、自分達の結婚式には「何のために」がないことに辿りついたのです。

プロデュースをお受けした時点で、残された時間は3週間。その間に「何のために」を見つけ出し、形にしなければなりません。

私はすぐに宮城に向かい、お二人からいろんな話をお聞きしました。

震災のこと、助けてくれた人達のこと、親父のこと、店を復活させたいと思ったこと、寄り添い励まし続けてくれた彼女のこと、私達が出した答えはこれでした。

「うちのうどんはみんなに救ってもらった。だから、どうしても復活したうちのうどんでもてなしたい」

しかし、そんな希望を出したところで、普通の結婚式場では通りません。


結婚式の準備が大づめをむかえる中、どうしても自分達の手でうどんを出したいという一念で会場との折衝が続きました。シェフを説きふせようやく思い描く通りにできる折り合いがついたのは式前日の夜のことでした。

当日、披露宴も後半にさしかかった頃、お色直し再入場の場面。扉を開けて、まず威勢よく登場したのは、以前の威厳を取り戻して店の割烹着をしゃんと着た新郎の父でした。

店の屋号を染め抜いた暖簾を肩に担いで、堂々と歩く後ろを同じ割烹着を着た新郎と新婦が従います。

ほどよく茹で上がり、流水でシメられたツヤツヤのうどんが氷水の中をゆったりと泳ぐ大きなタライが運び込まれました。本来、新郎新婦が座るはずの高砂席は装花も二人の食事もグラスも全部取り払われ、代わりにうどんが入ったタライと器と薬味とつゆが並べられました。

そこに父の声が響き渡ります。

「瀧澤屋　開店です！」

うどんをすくい水切りをする新郎。そのうどんを取り分ける新婦。薬味とつゆをかけてみんなに配る両家の父と母。

「みなさんのお陰です。ありがとうございました！」

おいしいねー、と喜ぶゲストたち。どうしても届けたかった感謝を届けられた瞬間でした。

結婚式を盛り上げるために様々なアイテムや演出が存在します。

でも、わざわざお越しいただいたゲストの方々の前でそれを行う意味は何でしょうか？　それをやることでゲストはどう感じるでしょう？

「何のために」を考えることで、それは自然と見えてくるのです。

【さて次の結婚式は私のブライダル人生の中でもとびきり大変な式でした・・・（汗）】

彼が主催する登山イベントで知り合った私達。『形だけ』の結婚式にはしたくない・・・。その想いは最初から、共通していました。

でもどれだけ会場を回ってもどこもほとんど同じに見えて「ここでやりたい」と思う会場がありませんでした。

悩んでいた時に、二人が初めて出会った伊吹山にある『ロッジ山』を思い出し、「ありえない」とあきれるオーナーさんを説得。ロッジにゲストが入りきらない、婚礼料理なんか出せない、人手がない、そもそも結婚式なんてやったことない・・・ないないづくしで問題は山積みの中、「責任もって取り仕切ってくれる専門家がOK出してくれるなら」という条件で了解をとりつけ、そこからプランナーさん探しが始まりました。

そんなとき、彼の持っていたこの本に書かれていることに共感して、中村さんに会いに行きました。

結婚式の最中、楽しんでもらえるか心配していた親族の方から、式中に「こういう伝え方の結婚式がしたかったんだね」とニッコリ笑って言われ、式後には、彼の友達がわざわざ、「こんな式のやり方もあるんだね」「心のこもった式で感動したよ」と電話をもらいました。改めて、望んでいたことが実現できたかな?! と実感し、嬉しく思いました。

中村さんからは、最後に「今まで数千組の式を挙げてきたけれど、ここまで大変だった式はないから。お二人の式が、次からの（実現可能かの）ボーダーラインだからね（笑）」と、名誉あるお言葉を頂き、ゲストだけでなく、中村さんの記憶にも残る式となった？のは、嬉しい誤算でした！

「悩んだりすることがあれば、また、いつでも相談にきて下さい」結婚式が終わっても、そんな言葉をかけてくれるプランナーさんは、なかなか、いないんじゃないでしょうか。「一度関わったからには、出来る限りのことをしてあげたい」

中村さんは、そんな温かい想いの伝わってくる方でした。

愛知県　加藤久人・加奈恵

このカップルや先の3カ月前の依頼のように、やりたいことと、できることの境界がギリギリの希望もたくさんあります。

ですが、私達が扱っている結婚式は、買い替えや買い直しの利かないものですから、後から後悔することのないよう最初から"できる、できない"は口にせず、どうすれば想いを形にすることができるかを考えます。

もちろんですが「言われれば何でもやります」というわけではありません。やらないほうがいいことや、やってはいけないこともあります。

だから、私の中の境界線は"できるか、できないか"ではなく"するべきか、するべきでないか"です。

このお二人はどちらもバックパッカーで、リュック一つで何十か国も旅をしてきた人ですから既存の結婚式場に心動かされないのは当然かもしれません。

そこで、希望としている伊吹山の中腹、車で行けるギリギリのところにあるロッジでのお披露目を本当にやるかどうかを決めるために、お二人にはすべての御親戚に直接お伺いに行っていただきました。

招待状の返送はがきでは、快く思っているかどうか本当のところはわかりません。ですので、招待状を出す前に出向いて、やりたいことを説明し、その時の反応や表情などを観察してきてもらったのです。もし否定的な様子が一人でも見てとれれば、すぐに考え直していただく約束でした。

ですが・・・ふたを開けてみれば皆さん「おもしろそうだね」「そんな結婚式見たことないから楽しみだね」と大賛成してくれたそうです。さすがバックパッカーを生むだけの血族です（笑）。

これでようやく動き出せました。

イベント用のテントを何張も借りて雨対策、テーブルやいすもレンタル屋さんに山の上に運んでもらい、料理はふもとのレストランに協力してもらってロッジの厨房で作るのとケータリングとを織り交ぜて、たくさんの種類の飲み物をクーラーボックスで冷やして、招待状には山で快適に過ごせる服装案内を入れて、ウエディングっぽい飾りつけは新婦が手作りで・・・そうやって一つ一つの問題を解決していきました。

でも、最後にひとつ大きな問題が残りました。

ヘアメイク、音響、カメラマンなどの業者さんは発注すれば来てくれますが、サービススタッフだけはどうにもなりませんでした。秋の日柄の良い日曜日はどこの会場も結婚式をやってますから、結婚式のノウハウを持ったサービススタッフ自体余っていない上に、山の上にまで来てくれるはずもない。そこで協力してくれたのが、知人の先生がいらっしゃる、関西国際大学のブライダル科の生徒さんたちでした。

実はこのブライダル科では、"結婚式のノウハウを習得することに意識が向きがちな生徒に、結婚式の本質や価値を理解してもらうため" として、本書を教材として使っていただいているご縁があり、体験授業として来ていただけることに。さらに新郎が塾の先生だったのでその教え子さんたちも協力してくれることに・・・本当にギリギリのブライダルだったのです。

今思い返しても私のブライダル人生最大の冒険でした。

ちなみに、本書の表紙（オビ）を飾った写真はその時のものです。

【一方、何も希望がないのがカップルの悩みの種となることも・・・でも、何も特別な演出をせずとも、感動をもたらす結婚式はちゃんとできます】

「私達らしい結婚式」というのを意識して作っていたが、本当に私達らしい結婚式になるのか不安に思う事もありました。

二人とも真面目すぎて、面白味に欠けるのではないか？ もっと何かした方がいいのではないか？ と考えてしまう事も・・・。でも、終わってみると、多くの人が二人らしい、温かい、アットホームという私達が意図していたものが伝わっていて、当の私達が一番驚いたかもしれません。


結婚式をやると決めた当初、新婦は人見知りだから、テーブルを回って写真を撮ったり、おしゃべりするのが本当に億劫なようでした。そこで、中村さんからのアドバイス通り、結婚式までに新郎の友人とご飯に行ったり、親戚のお家に遊びに行ったりと、事前にとにかく仲良くなるように心掛けました。

すると、当日は顔見知りめがけてテーブルに挨拶に行けるのです！ なにより、何かあっても中村さんがいる！ という安心感があり、緊張せずにテーブルを回れました。

「あんなに新郎新婦を近くに感じられる結婚式はない」「テーブルの距離だけじゃなくて、心の距離がすごく近く感じて、温かい式だった。私もあんな結婚式がしたい！」

これが式後の参列者の感想。特に面白い事をしなくても喜んでもらえてとても嬉しかったです。

魔法の結婚式の本にあるように、二人らしさは滲み出るものなのだと感じた。目の前にあることを一つずつ一つずつ丁寧に積み重ねていくことの大切さを感じました。

東京都　丸西廣義・詩織

真面目なカップルほど、結婚式に何かやらなくてはいけない・・・という概念にとらわれるように思います。

実際、「スピーチや余興をしてくれそうな友人がいません」と言われることはよくあります。ですので、私はいつもこうお話します。

「友人スピーチって一番の親友にお願いしますよね。だからスピーチを依頼されるってことはとても名誉なことなんですよ。でもその友人がもし人前に出るのが苦手な人だったらどうでしょう？　なければいけないものではありませんよ。無理にお願いするのはかわいそうです。たしかに友人がスピーチしてくれるとお二人の人となりがよく見えますが、かわりに私たちといっしょにお二人を良く知ってもらえる企画を考えましょう」

よく、私のプロデュースする結婚式を、サプライズや特別な演出が盛りだくさんのエンターテイメントだと誤解している方が多いのですが、当の私は、流行のプロジェクションマッピングを使った結婚式などを見ていると、「こんな大画面でこんな目まぐるしい映像をこんな大音量で見せられたら、おじいちゃんやおばあちゃんは気持ち悪くならんかなぁ・・・」なんて思ったりしています（笑）。

まあ強いていえば、プロデュースをしている私自身が当日の司会進行もやるので、これだけは他の結婚式とはまったく違います。

何度も打合せをして、お二人と仲良くなりいっしょに進行を考えた本人が、あまり肩ヒジはらずにしゃべるのです。

お二人を想う気持ちと結婚式を成功させたい気持ちだけは誰にも負けません。

【さて、ここまで順調な例ばかりでしたが、悩み苦しむのも結婚前のカップルには必ず訪れる試練です。そんな心の葛藤を乗り越えたカップルをご紹介します】

この本と出合った頃、結婚の予定も無かったですし、たまたま早く仕事が終わって、仕事帰りに立ち寄った本屋さんでぼーっとしてたら目に入り、思わず購入しました。表紙も派手では無いですが、なんかでも、本から素敵なオーラが漂ってました。

当時、いまの主人とのお付き合いも始まったばかりで、結婚の兆しも無かったです。でも、魔法の結婚式？　そんなのあるなら、やってみたい！　と思ったのかもしれません。

読み始めるとかなり、衝撃を受けてとても感動しました。涙しながら・・・一晩で読み終えたと思います。結婚が決まって、実の両親には、中村さんの本を読んでもらい「この人にお願いしたいねん！」っと話しました。両親も快く承諾してくれました。

結婚式の準備を進めていくうちで、どうしても対立してしまうことがあります。主人だったり、実の親だったり。打ち合わせ中に、中村さんが、今までの私の頑張りや、気持ちの背景を汲み取って下さり彼に話してくれた事・・・的確すぎて涙が出ました・・・。思わず泣いてしまってすみません。彼もビックリしてました（笑）。私の味方になったり、彼の味方になったり・・・色んな角度から支えていただき、無事に結婚式を挙げる事ができました

結婚式の翌日から、新婚旅行でした・・・が、余韻が凄すぎて主人も私も昨日の結婚式

を思い出して、行きの飛行機の中で朝から二人で泣いていました。ハネムーンに泣きながら向かう夫婦は、いるのでしょうか・・・まあ、感動の涙と「幸せやな～」の涙ですが♪

大阪　亀井邦俊・朋子

・・・

結婚式の準備をしている期間というのは、恋愛から結婚へと、恋人から夫婦へと移り変わっていく過度期ですから、様々な問題が起こるのは仕方のない事です。まだ恋人同士なのに夫婦の責任を問われたり、ほとんど夫婦なのにまだ結婚してないからと深く踏み込ませてもらえなかったり・・・。そして、その問題を大好きな人や親を相手に解決していかなくてはいけません。

このカップルは、彼が少年のような純粋さと自由な感覚を持った人で、お付き合いをしているうちはそこが魅力的だったのですが、結婚となるとそういうわけにはいきません。

彼女一人が我慢すれば済んでいたものが、両家や親戚、来賓友人が関わってくれば彼の自由さは無責任になりかねません。今回の結婚式の準備はまさにお二人の歩み寄りの軌跡でもありました。

そしてもう一つ彼女が乗り越えたものがあります。実は、プロローグでご紹介した手紙の父娘はこの新婦さんなのです。もう一度お読みいただけると、さらに深みが増すと思います。

【結婚式への問題をひとつずつクリアしていくことで、自分のいままでの価値観を変える素敵な結末が待っていることもあります。そんな180度価値観が変わった彼の結婚式です】

身内だけで結婚式をしたい僕に対し、大勢の人を結婚式に呼びたい妻。始めからお互いの価値観が大きく違っていたスタートでした。二人で結婚式場を探しましたが、なかなか決まらず、この先どうなるか不安な毎日でした。

そんなときに中村さんと出会いました。そこで突き付けられた問いが「何のために結婚式をするのか」ということ。その問いが僕の胸の中に突き刺さりました。

中村さんのサポートを受けながら、なんとか結婚式当日を迎えることに。当日は親族や多くの友人たちが来てくれました。そのとき感じたのは、妻の周りにはたくさんのいい人たちがいるのだということ。お互いを思いやり大切にし合える人たちに妻は囲まれているのだと感じました。そんな人たちに囲まれているのは、妻自身が周りの人たちを思いやり大切にしているからだと思いました。僕は、こんな素敵な女性と結婚式を挙げることができて、本当に幸せだと思いました。どんな人たちが周りにいるかを知ることで、相手のことがより深く理解できたのです。

結婚式は笑顔で祝福してくれる人たちで溢れていました。感謝の気持ちでいっぱいになり、涙がこぼれました。何よりも、結婚式をすることで相手が何を大切にしているかを知ることができ、夫婦の絆が強くなったように思います。

結婚式に前向きではなかった僕が、今では毎年でも結婚式をしたいと思うようになるほど、結婚式をして本当に良かったと思います。

大阪府　上野英一・ちひろ

相手の価値観と自分の価値観は同じではありません。

結婚式の準備を始めると、お付き合いしているときには見えなかったことにいやおうなく気づかされ「こんなはずじゃなかった」と二人は愕然とします。

でも、大丈夫です。心配ありません。それは当然のことなのです。まずは、相手の価値観に「yes、No」を言う前に相手の価値観に興味を持ってみてください。

あなたが愛した人が大切に思っていること、大事にしていることです。きっと理解できます。

このカップルは、「彼が」それをしてくれたことで「彼女が」幸せになれたのです。その彼女が彼に尽くし、彼が幸せになったのです。

【次のエピソードは結婚式そのものに疑問を抱えながらスタートし、価値観を寄り添わせていったカップルの例です】

結婚式を挙げなきゃいけないのはわかってる。挙げるべきだとも思う。でも、結婚式を挙げたい！　と、心から思えない。

わざわざ皆様の時間とお金を使って、参列いただいて、私達にとっても安くはない金額と、準備までの時間をかけてやる意味はあるのか？　喜ぶのは誰なの？　その疑問、悩み、形にならないモヤモヤを一緒になって解決してくれそうだと、可能性を感じさせてくれたのが、クロフネブライダルさんでした。

「何のために結婚式をするのか、一緒に考えてみませんか」という言葉、まさに私たちの、琴線に触れる言葉でした。そして、結婚式を創り上げるという特別なことに向き合い始めたら、今までにはなかった感覚に気づきました。

これまでの二人であることに違いはなのだけれど。ふとした生活のリズム、物事のやり方、考え方の違いがあり、これに戸惑い上手くできないことが、何故なのかに気付けず、苛立つ。これまでは、その微妙な考えの違いや、感じ方の違いが、自分とは違う世界を見せてくれて、惹かれる要素だったはずなのに。

本を読んで、中村さんからも直接、既に教えられて、価値観や考え方に違いが出てくるのは、これまで育ってきた環境が違う他人であるから、当たり前だよって、分かっていたつもりだったのに。

でも、今思えば、打ち合わせの時に、中村さんは言ってたんですよね、私、新郎に向かって「あなたが（ちょっと天然な新婦を）決めたんだもん、覚悟しなきゃー」って。

結婚式は、二人に夫婦としての視点を持たせるようにしてくれる、準備期間だったと、今振り返って思います。そして、結婚式を挙げ終わった今・・・お嫁さんは、時々「もう一回結婚式やりたいな！」と言ってます。思いを込めるほど、やりたいことを模索するほど、時間や手間がかかりました。もっとできたこともあったはず。でもそれは、結婚式をやってよかったと思えてるからこそ。

中村さんに出会わなければ、結婚式に対する考え方や思いは変わらなかったと思います。結婚式をいいものなんだって思う人をもっと増やしていってほしいです。

私たちは思いっきり変わりました！

大阪府　渡邊憲司・愛

本当に誠実で穏やかで優しい目をした新郎さんでした。

新婦さんはお顔も性格もしぐさもとっても可愛い人。打合せ前夜はワクワクしすぎて眠れず、当日は熱を出すというのがお決まりのパターン（笑）。でもそんなちょっと天然なところがたまらなくかわいい新婦さんでした。

準備を進めていく中で、彼は自分の手のひらの上に彼女のすべてを乗せる決意をし、彼女はその手のひらの大きさを確かめました。

決意をすること、覚悟をすることを経て、結婚までの短い時間でお二人とも成長されます。

【さて、最後の結婚式エピソードの紹介です。お子さん連れでの結婚式をおこなったカップルでした】

私はこの本を書店で立ち読みしたことがきっかけで、クロフネブライダルさんに結婚式をプロデュースしていただきました。当時、20代前半で結婚なんて他人事だったのにも関わらず、目次に目を通した瞬間中身が気になって夢中で読み、購入しました。

そして、数年後、私も結婚することになりました。ありがたい事に子どもを授かることができたので出産を終えた後、家族揃って式を挙げることにしました。

いざ準備を始める時、ふとこの本のことを思い出し読み返しました。子どももいるし形にこだわらず自分達らしい式にしたいと強く思い、私のほぼ独断で中村さんにプロデュースを依頼しました。

式を終えた後も、ゲストの方や家族と「いい式だった」「今までで一番楽しい式だった」と盛り上がります。結婚式の話をいつまでもしてもらえるということは、とってもいい式だった証拠です。自慢の式になりました。

結婚式により改めて家族3人のスタートが出来たと思い気が引き締まりました。

富山県　山口琢磨・真理子

最近は、このカップルのように ご出産された後の結婚式も増えてきました。

出産を控えた妊娠中に急いでお披露目をするよりは、まずは出産に向き合い、育児になれた頃に二人と生まれた赤ちゃんの家族お披露目をするという考え方です。

メリットはゆったりと準備できることと、ウエストのくびれを取り戻せること（女性には大事なことです）、そして披露宴会場内に天使がいることです。両家ご両親も涙なんか流しません。だって、夢に見た孫を抱かせてもらっていますからね！

一方、お腹にお子さんがいる間におこなうお披露目ももちろんあります。こちらはやはり新郎新婦が主役で、みんなが新婦のお腹をなでながら「楽しみだね」「男の子？　女の子？」という感じになります。

どちらのお披露目も、きちんとみんなの気持ちを考えながら準備すれば、会場はやさしい雰囲気に包まれます。

今回のお二人は富山県にある越中一宮　高瀬神社さんで挙式披露宴をされました。

挙式が始まる時には本殿の上には神官さんと新郎新婦のみだったのですが、式の途中で二人の結婚が承認されると、巫女さんが赤ちゃんを抱っこして、本殿上にいる新婦のもとに連れていってくれました。
自然にどよめきが起こり壇上の家族が特別な光に包まれているようで、神社さんの粋な計らいにみんながじんわりと感動しました。

以上、一部ではありますが、私がプロデュースさせていただいたカップルの方々のお手紙をご紹介しました。
私はみなさんにこのようなお手紙をいただけた時、ようやく二人へのプロデュースが成功した気がしてホッとします。そして、「これからも頑張っていこう！」と励みにさせていただいております。みなさん本当にありがとう。

そして、この本にはそんな幸せになったカップルたちに実際にお話したことを書いています。ですから、読んで共感してくださるなら、幸せを得られる確率はぐんと上がるはずです。

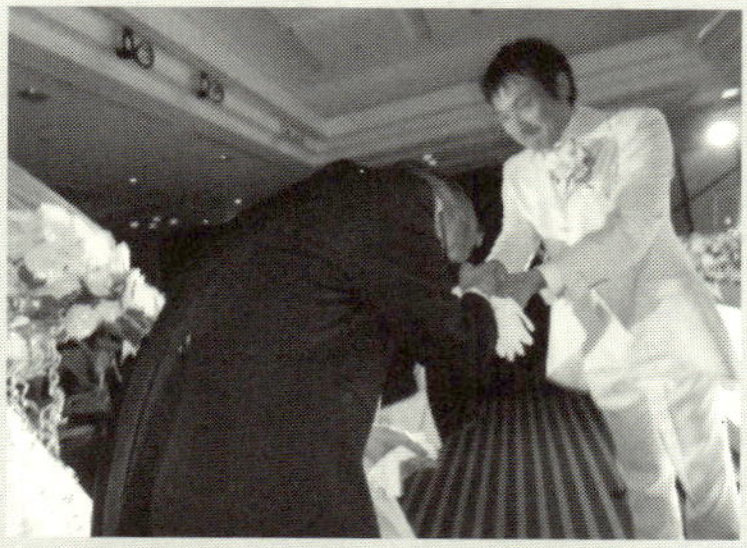
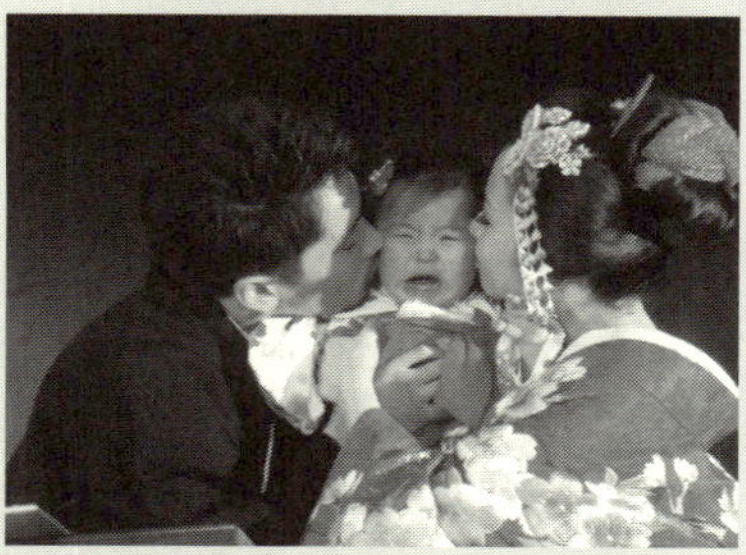

Column

離婚率1%の結婚式づくり

今回書き下ろした新章では、読者から誕生した、素敵な夫婦の誕生をお話してきました。

「私にできるかな・・・」と不安になることはありません。
「むずかしそう・・・」と心配しないでください。

この本はまさにその方法をわかりやすく説明した本ですから。
では、1章をお読みいただく前に、まずはレッスンとして少しお話していきましょう。

「愛している人と結婚する」
これは理想でもあり、当たり前でもあり・・・むしろ愛してもない人と結婚するなんて考えられないという方が適切かもしれません。

でも改めて考えてみると「愛している」ってかなり不確かな感じがしませんか？

なぜなら、ほとんどの人は、結婚する前に何人かとお付き合いしますよね。

つまりは、ある時に誰かを愛し、ある時その愛が冷めたり、消えたりしていったわけですね。

でも、「愛」は不確かなもの・・・「愛」だけでは幸せになれない？　ってことなのでしょうか。

この愛は本物と思って結婚するわけですが、本物の根拠は？　そう言いきれる理由は？


人の人生の幸福度は、いろんな尺度や量りがあるので、「これ」と決めつけることはできませんが、それでも仕事と結婚は幸福度に大きな影響を与えるように思います。

一般的にいいと言われている労働は、保障・将来性・安定感、そして収入が高いことですよね。保障がしっかりしてて、将来的にも不安がなくて、潰れる心配がなくて、給料が高ければ「いい仕事ね～」となります。

その仕事を手に入れる為に、小さいころから頑張って勉強します。良い仕事に就く為だけに勉強しているわけではありませんが、小・中・高・大学の16年間頑張って、手に入れるわけです。

16年の努力の積み重ねなわけですよね！　仕事なら立派な熟練度でしょう。

それに比べて結婚の熟練度はどうでしょう。一目見てキュンとしたとか、何となく気が合ったとか、何かしらの理由でお互いの距離が縮まり、ほとんどの人は「気が付いたら好きになってた」と言います。好きになった理由を聞いても「だって好きになっちゃったから」・・・なんとも不確かです。

これは、頭で動いているのではなく、心で動いているからかな・・・と思います。

この危うい「愛」を信じて二人は夫婦となります。

やっぱり不安ですよね。心配ですよね。これで良かったのかなと思っちゃいますよね。

だからケンカしたり、マリッジブルーになったりするのかもしれません。でも冒頭に述べたように、愛が無ければ何も始まりませんよね？　最初に愛があるのは大前提だと思います。でも愛だけでは何とも心もとない・・・。

だから愛という心に、理性や頭脳をくっつけてみませんか？

例えば、「愛してる」という気持ちに、会話が加われば、お互いもっと分かり合えますよね。

優しさが加われば、お互い許すことができる。思いやりが加われば、お互い支えることができる。笑顔が加われば、楽しくなる。

仕事が加われば、安定感が増す。お金が増えれば、安心感が大きくなる。

食べ物があれば、飢えを凌げる。家があれば、雨風を凌げる。服があれば、寒さを凌げる。

つまり、「愛してる」という気持ちに**「たくさんのリアル」**が加われば幸せになれるのではないでしょうか？

「愛してる」というのは、心・感情です。そこに今言ったようなものが沢山積み重なれば幸せは見えてきませんか？

結婚というのは、ここを育てる一大事業であり、結婚式というのは、ここを育てることができるようになるための勉強や練習の場です。

婚姻届を出したからといって、結婚式を挙げたからといって、いきなり夫婦として完成するのでしょうか？　必ず幸せになれるのでしょうか？

これは赤ちゃんが生まれた瞬間ママとして完成してますか？　というのと同じですよね。

全ては産んでから始まります。おっぱいをあげて、おむつを替えて、お風呂に入れて、夜泣きをあやして、子守唄を唄って・・・赤ちゃんと向き合いながら、だんだんママとして成長していく。

夫婦もいきなり完成なんかしません。だんだんと夫婦になっていくのです。その証拠に離婚率は結婚後3年間がとても高く、4年目からは激減します。

結婚してからも当然問題は起こります。3年経つと、およそ夫婦として落ち着くところまでくる・・・。

私は講演をさせてもらう時に、既婚者の方々によくする質問があります。

それは「今のご主人や奥様以外に結婚を考えた人は何人いますか?」という質問です。

・今のパートナー以外にはいない
・今のパートナー以外に一人だけいた
・今のパートナー以外に二人いる

ほぼ全員の方がこの中に収まります。

つまり、「人生は3万人以上の出逢いがある」と言われるこの時代に、たった一回か二回の「結婚」を真剣に考えるほどの出逢いの中で、人生を決めているということです。

こんな奇跡としか言いようのない出逢いなのに、離婚率は約35%もあるんです。3組に一人は離婚されているのです。

私は離婚をＮｏだとは思いません。数千組も見させてもらっていれば、勘違いも、その場のノリも見ましたし、夫婦になってから変わってしまった人も見ました。

離婚をして、リスタートを切ることも選択の一つだと思います。

でも、心を動かされた目の前の人が、人生に一人か二人の出逢いならば・・・

ようやく巡り合えたのなら・・・

この人と一生を共にと思える相手なら・・・

そして相手もあなたを一生の伴侶と決めてくれたそんな出逢いなら・・・大切に育てた方がいいですよね。

絶対に幸せになれるようお互い夫として妻として夫婦として家族として、一歩一歩着実に成長していける方がいいですよね。

だからね、だから結婚式をするんです。

なぜなら、二人は愛し合って結婚しますが、周囲はそうではないからです。

二人はお互いの家族・親戚・仕事（職場）・友人・地域などの大きな輪の中で生活をしていきます。これは元々異質な物です。

でも、違うはずの両家が仲良くしてくれたら幸せです。お互いの友達が仲良くやれたら幸せです。職場が楽しければ頑張れます。二人が生きるこの大きな輪の住人が、二人のことを好きになってくれて、二人の為に歩み寄ってくれたら・・・みんなが手を繋いでくれたら・・・ひとつの大きな輪が出来あがったら・・・

お二人は必ず幸せになれるように思います。

そして、もし、二人に何かのトラブルが起こった時、その輪の人達が二人の相談にのってくれたり、励ましてくれたり、慰めてくれたり、応援してくれたり、導いてくれたとしたら、繋いだ手は離さないで済むかもしれません。

幸せは当たり前にやってきません。だから幸せは自分達で行動してつくるのです。

結婚式はその幸せの確率を上げる為にするのです。

私がプロデュースさせていただく結婚式の離婚率が1％以下なのは、こんな話をお二人としながらつくるからのように思います。。

1章

何のために結婚式をするのか？

どうしても言わせたいセリフ

「お二人は何のために結婚式を挙げるのですか？」

初めてお二人にお会いしたとき、まず私が尋ねることです。

『互いのパートナーを紹介するため』

はい正解。

『今までのお礼や、これからもよろしくお願いしますという気持ちを伝えるため』

『互いの家族や親戚、友人を紹介して仲良くなってもらったり安心してもらうため』

いいところに気が付きましたね。

だいたい答えはこんなところでしょうか。

ですが、私はもうひとつ大切にしている『何のために』があります。

それは**『新郎新婦のことを好きになってもらうために』**です。

『？？？』かもしれませんので具体例を上げてお話します。

ある結婚式に出席した新郎のおじさんが帰宅し、礼服を脱ぎながら出席しなかった奥さんと話をします。

「お父さん、今日の結婚式どうでした？」

「いやぁいい結婚式だったよ」

「お嫁さんどんな子でした？」

「とってもキレイな子だったよ」

はいストップ！

『キレイな子』これは言われて当然です。女の子の一生に一度の晴れ舞台です。

そのために、借りるだけで20万円もするドレスを着て、プロが二時間もかけてヘアメイクをするんですから、その子の人生の中で多分一番キレイに決まっています。

でもこの次御親戚に会う時はドレスを着てないし、ヘアメイクは自分でしているはず・・・。

私はこの時おじさんにどうしても言わせたいセリフがもうひとつあるんです。

「とてもいい子だったよ」

これですよ！

そして、さらに・・・

「いい子だったよ。笑顔がかわいくてな。友達だけじゃなくて、新郎側の親戚の私達にまで一人ひとりちゃんともてなそうと、それはそれは一生懸命でね。あの姿を見ているだけで嬉しい気持ちになった。あんな子がお嫁に来てくれて、あの家も幸せだな」

「あらそんなにいい子なの。だったら私も早く会ってみたいわ」

ね、いいと思いませんか？　こんなセリフを言わせたいんですよね。

「彼氏単品」では手に入らない

両家族、親戚、友人、会社関係など、二人と深く関わる人たちが一同に会する結婚式。

その出席者は大きく二つに分かれます。

血縁者と他人です。

他人とは、つまり友人たちです。この人たちとは血で繋がっていません。気持ちで繋がっています。気持ちが切れると繋がりも切れてしまいます。

思い返してみてください。高校や大学のとき、『こいつとは一生の親友だ』と思っていたのに、今まったくお付き合いがなくなった人っていませんか？

時間がたったり環境が変わったりすると疎遠になってしまうことってありますよね。だからこそ「今もつながっていられる友達」はなおさら大切です。それに対して、家族や親戚とは血で繋がっていますから、切ろうにも切ることができません。

好きになった彼には親や兄弟、親戚がいます。彼だけを単品で買うことは出来ません。セットでぞろぞろとみんなついてくるんです。

彼の父親だから『お父さん』と呼ぶし、彼の母親だから『お母さん』と呼んで仲良くしようとします。親戚の皆様も同じです。

でも彼の父親も母親も、ましてや親戚も、もともと好きでも嫌いでもなかった人たちです。彼と結婚しなければ全くのアカの他人です。でも彼と一緒になるならこの人達とも一緒にならなければならないのです。『好き』とか『嫌い』ではなく、強制的に付き合わざるをえません。ならばこう考えませんか？

『どうせ付き合わないといけないのなら、この人達が彼の家族でよかった、この人達が彼の親戚でよかったと思えるようなお付きあいを、知恵を絞って考えよう』

あなたを好きになってもらう理由

あなたを好きになってもらうことが必要なワケ。
具体例を上げて想像してみましょう。そうですね、彼のおじいちゃんが他界されたと想像してみてください。

結婚して数ヵ月後のことです。お通夜やお葬式は葬儀場で行われるかもしれませんが、仮通夜や葬儀後のもてなしは彼の実家で行われます。そのとき、お茶やお菓子、またはお食事など食べたり飲んだりといったおもてなしのお手伝いをお嫁さんはする事になります。

ところがキッチンに集まっているのは彼の親戚の女性たちです。その中に交じってあれこれ動くのはとても気を使いますね。想像しただけでため息しか出てこないへビーな状況ですが、ここでさらに想像を膨らませてほしいのです。


そのキッチンに集まっているおばさまの一人があなたに気付いて、

「あら、○○君のお嫁さんの○○ちゃんよね」

と話しかけてくれたとします。

「あのときの結婚式、本当に良かったわ。わざわざおばちゃんたちのところにまで来てくれて。あんなに気持ちの詰まった結婚式初めてよ。うれしかったわ」

なんて言われたらどうですか？　タメ息しか出てきませんか？　ついでに『おばちゃんの隣でいっしょに手伝ってくれる？』なんて言われたらどうでしょう？

あなたに居場所と仕事が与えられたのです。


救われませんか？　そのおばさまのこと好きになりませんか？

おじいちゃんの一周忌の時、きっとあなたはそのおばさまのことを探すはず。

そしてきっと自分からかけよって「ごぶさたしてます」ってあいさつするはず。

出席してくれた人に次に会った時、こんなふうになれる結婚式をしたいんです。たぶんそのおばさまはドレスのデザインを褒めているわけでも、海の見えるチャペルを褒めているわけでもありませんよね。**二人の思いが見えた結婚式を褒めてくださったんです。**

これに素敵なドレスが加わるともう最強ですよね。

これが結婚式（お披露目）をする最大の意味です。

『何のために結婚式（お披露目）をするのか』の答えです。

結婚式がゴールではなく、結婚式が二人の新たなスタートだからこそ、これから二人で生きる人生をいかに楽しいものにするか、いかに優しさや思いやりや笑顔に溢れたものにするか、いかに二人が生きやすくするか、いかに、祝福してくれる仲間を増やすか、そのために結婚式（お披露目）があるのです。

「割といい」ではなく「これしかない！」

では、どうすればそんな結婚式になるのか。

何のために結婚式をするのかは分かったけど、具体的にどうすればいいのか？

結婚式の準備段階ではたくさんのことを決めなければいけません。

会場・衣装・引出物・席次表・招待状・写真・ビデオ・お花・・・数え上げたらキリがありません。それに当日のタイムスケジュールはどう組めばいいの？

まず、

『自分がどうしたいか言えること』

『どうすればいいか自分ではわからないこと』

この二つに分けます。

『自分がどうしたいか言えること』は、あなたが自分の価値観で選ぶことです。

この時の鉄則は『ベターを選ばずベストを探すこと』です。

結婚式の準備ではあまりにもたくさんの事を決めなければいけませんから、通常どこの会場でもほとんどのものがA・B・Cから選ぶようになっています。和食ｏｒ洋食、着物ｏｒドレス、パックプランＡｏｒＢなどなど。

これを選ぶと捉えますか？　選ばさせられると捉えますか？


ドレスを例にとってみましょう。あなたの好きな色はピンクだったとします。もう何が何でもピンクです。式場での打ち合わせ中、目の前に出されたピンクドレスは二着。・・で、『どちらか好きなほうを選んでください。』と、ニッコリ笑顔で言われました。

あっちは割といい感じ、こっちは結構いい感じ・・・あなたにとってのベストはどっち？


答えはどちらも選ばない、本当に気に入ったドレスを探す、です。

「割といい」でも「結構いい」でもなくて「これしかない！」でしょう。一生に一度ですよ。『どちらかと言われれば・・・』で選んではいけないんです。『これじゃなきゃ』で選ばなければ。妥協してはダメなんです。

結婚式をあげた先輩カップルが口をそろえて言う、「大変だったよ」のセリフ。

これは、先輩カップルがどんな結婚式を挙げたかで、まったく違う二つの意味を持ちます。

一つは、「大変だったけど頑張ってごらん。必ずステキな結婚式になるから」というエール。

もう一つは、「本当に大変だから覚悟しな」という忠告。

この思いがどちらかになるかは、結婚式の取り込み方で決まっていきます。

最後まで頑張ったカップルは充実したステキな結婚式になるでしょう。

逆に、妥協をしていくと必ずテンションが落ちていきます。それでも期日は決まっているので、前に進めなければいけません。気が付くと、楽しかったはずの準備が苦しい作業に・・・。

後悔しないために、あなたのベストをイメージしてください。

さて、二つ目の『どうすればいいか自分ではわからないこと』は？

重要なことは考えることとです。

何かを選ぶためには判断できなければいけない。

判断するためには選ぶべき、ベストをイメージできなければいけない。

イメージするには、それを導き出す、考え方を知らなければいけない。

こんなふうに、考え方を知らなければA・B・Cからチョイスするという妥協案しかないのです。

どうでしょう、なぜ結婚式場のプランは選べるようになっているのかカラクリがちょっと見えてきましたか？

なぜどの結婚式も同じに見えてしまうのか？　その理由はここにあるのです。
さてその考え方が分かる方法ですが、こんなふうに導いてみてください。

何のためにやるのか？
↓
いいつながりを作るため

どうやったらいいつながりが作れるのか？
↓
私達のことをよく思ってもらう

誰によく思ってもらうのか？
↓
ゲスト（招待客）によく思ってもらう

ゲストによく思ってもらうためには？
↓
精一杯もてなす
↓
精一杯もてなすためには？
↓
自分達がしたいことよりゲストが喜ぶことを考える

ほ～ら、だんだんベストが見えてきた気がしませんか？

結婚式をやって良かった瞬間とは

さらにここであるアンケートの結果をお知らせします。
私は、一時期、結婚式を挙げたカップルに、必ずこの質問をしていました。

Q、あなたはどのシーンで結婚式（お披露目）をやってよかったと感じましたか？

すると、全員同じ答えが返ってきました。

A、歓談中のみんなの楽しんでいる様子や笑顔を見てやってよかったと思った。

全員ですよ、全員同じ答えが返ってきました。

入場の瞬間でも、ケーキカットのときでも、手紙を読んだときでも、友人にスピーチをしてもらったときでもないんです。

『自分達が何かをして満足』ではなく『ゲストが喜んでくれて満足』なんです。

こっそり後で聞くと、本音は「この結婚式をやってよかったんだ」とホッとするそうです。


実は結婚式では二人は主役のようで主役ではないんです。主役は出席されるゲストで、二人はそのゲストをもてなすホストとホステスなんです。結婚をする二人は喜ぶ側ではなく、喜ばせる側なんです。

と言ってもゲストを喜ばせるために全てを犠牲にしろと言っているわけではありません。大切なのは自分のＹＥＳとゲストのＹＥＳのバランス感覚です。


またまたドレスで例をあげます。

ドレスって着れば満足というわけではありませんよね。ドレスを着てみんなにお披露目して「ステキー！」と言われて、一緒に写真を撮って・・・そこで大満足ですよね。

それでは白のウェディングドレスだけじゃなくて、二着目に、ピンクのかわいいドレスも着たら2倍「ステキー！」って言われるでしょうか？

多分言われると思います。経験上、写真の数も2倍近くになると思います。

ではさらに、3着目として赤のドレスまで着ると3倍になるでしょうか？　もうひとつ、黄色のドレスまで着ると4倍になるでしょうか？

いいえ、恐らくそんなことはありません・・・。

やりたいことと、喜ばれることには少しズレがあります。そのバランス感覚を持つことはとても大切です。お披露目で一番嫌われるのは自分達にベクトルが向いたお披露目。

お披露目に限らず自己中心的なアイデアって、あまり良くは思われませんよね。

『招待状の向こうに、文面を読んで「行きたい！」と思うゲストの姿を想像してみる』

『自分がゲストテーブルに座っている視線で、タイムスケジュールを考えてみる』

自分がゲストになったつもりで考えたり、ゲストがどう感じるかを意識して選んだり、ゲストの喜ぶ顔を想像しながら作り上げた結婚式は、その心意気だけで評価されることを私の経験が保証します。

自然とにじみ出てくる〝お二人らしさ〟

具体的な話をもうひとつ。
結婚式の当日、相手側の招待客の方々とは初対面かそれに近いはずです。
初めて会う人と仲良くなるためには、

『どちらかが笑顔を向ける』
『どちらかが歩み寄る』
『どちらかが話しかける』

など、どちらかが何らかのアクションを起こさなければ距離は縮まりません。
あなたはメインテーブルに座ったまま人が来てくれるのを待ちますか？　それと

もゲストのテーブルに自分達が行きますか？


ゲストの誰もが『おめでとう』を言おうと思って集まって来ます。

あなたは『おめでとう』と言われてから『ありがとう』と答えますか？

それとも『おめでとう』と言われる前に『来てくれてありがとう』と言いますか？


自分から動くべきだと思えますよね？


結婚式（お披露目）の中身をゲストの笑顔を思い浮かべながら、自分から動くことを考えてみる。どうすることがベストなのか妥協せずに考える。

それを一つひとつ積み重ねていく。なんだか出来そうな気がしてきませんか。

そうやって積み重ねていくとだんだんとにじみ出てくる色合いのようなもの、少しずつ漂ってくる香りのようなもの、そのぼんやりとした〝もや〟のようなもののことこそを〝お二人らしさ〟というのではないでしょうか？

お二人らしさとは〝にじみ出てくる〟ものなんです。

どうです？　あなたらしい結婚式出来そうな気がしませんか？

Column

おまけの話・・・だけどとっても大切なお金の話

結婚式を準備していく上でもうひとつ大切なことをお伝えします。

それは、結婚式の準備をしているあなたと、結婚式を評価するあなたは、別人のように変わってしまっているということ。

会場を選ぶ時、ドレスを選ぶ時の新婦は、まだ独身です。もうすぐ結婚するのだから、もう夫婦同然？

いいえ、全然ちがうと言いきれます。

だってね、相手の給料がいくらか知らない人が多いのです。もちろん貯金がいくらあるかも知りません。

なかなか聞きづらいですよね？　ところで給料いくら？　なんて・・・。

でも結婚したらどの夫婦でも絶対知っていますよね？　ダンナの給料いくらで、私の給料がいくら、足して〇〇万円。家賃いくらのマンション借りるか、光熱費がいくら、食費、積立、保険、お小遣い。収入と支出をしっかり計算して、家計を管理します。

相手の給料も知らない同士がつくった結婚式を、こんなにしっかり者になられた奥様が評価するのです。

それは、ああすればよかった、こうすればよかった・・・となりますよ。だからいっそのこと、未来のご夫婦になってしまいましょう。

方法は簡単です。向かいあって右手に給与明細、左手に貯金通帳をもって、せーのでお互いに見せあってください。くれぐれも「ほぉ〜」とか「はぁ？」とかのリアクションはなしでお願いします。

そして、新生活の設計をしてみてください。収入がいくら、ボーナスがいくら、ならば家賃はいくら、光熱費がこれくらい。お小遣いはこれくらい欲しい。車のローンがいくらかかる。保険は？　食費は？

ほーら、ほっといたってシビアな目になれたでしょう。その目で結婚式の見積もり見てください。

本当に必要なものだけですか？　本当にそこにお金かける必要あります？

夢やあこがれも大切、現実も大切、そして費用と内容のバランスが大切です。

その基準を結婚後の冷静な自分に置いた上で夢や希望を考えると、きっと「あんなムダなことしなきゃよかった」と後悔することはなくなりますよ。

これもやってよかったと思える結婚式をつくる秘訣のひとつです。

結婚式を評価するのは「未来のあなた」なのです。

2章

お互いをよく知る

たくさんのカップルから教わったこと

今までたくさんのカップルとひとつひとつ結婚式を作り上げてきました。伊勢の小さなレストランで試行錯誤をしながら始めた私は、そのひとつひとつの結婚式から、一組一組のカップルから、全てのことを教わりました。

しかし、男として、女として、夫として、妻として、親として、子供として、性別や立場や考え方によってその都度出る答えは様々です。これが正解と決めつけることはできません。

しかしながら、たくさんのカップルの結婚式を作らせて頂いて、たくさんの本音の話を聞かせていただいて、たくさんの親御さんの思いを聞かせていただいて、結婚式後に遊びに来ていただいて、たくさんの赤ちゃんを抱っこさせていただい

て、婚姻届の保証人も離婚届の保証人もさせていただいて・・・

私なりに『こうした方がいい』『こう考える方がいい』というようなことが思えるようになりました。

毎週会うのが楽しみだったはずなのに、結婚式の準備を始めたらケンカばかり・・・

結婚式の準備ってもっと楽しいものだと思っていた・・・

彼はなぜ協力してくれないの？

本当にこれから先二人でやっていけるのかな？

恋人時代あんなに仲の良かったはずの二人が結婚式の準備を始めるとたくさんのトラブルに見舞われます。いったい何が変わるんでしょうか？

外見に違いはありません、愛し合っていることも変わりありません。これからも仲良くやっていきたいと思っていることも同じです。ではいったい何が変わるのか？

答えは二人の位置関係だと私は思っています。

恋人から夫婦への転換期

恋人同士のうちは互いに向き合う関係です。お互いが見つめあって相手のことを考える状態です。

それが**夫婦になると二人並んでひとつの方向を見る関係**に変わります。

そして結婚式の準備期間というのは、まさに恋人から夫婦への転換期であり、夫婦になるための練習期間なのです。

結婚式の準備を通して二人が夫婦になる練習をする？

「練習ってどういうこと？　ドレス選びが何の練習になるの？」

結婚式の練習とは、違う環境で生まれ育った二人・・・違う性格・違う考え・

違う意識・違う感覚を持つ二人がその違いを認め・受け入れ・尊重し、自分という個性を受け入れてもらう。その違いをわかった上で、見るべき方向・進むべき道筋、歩く歩幅・早さを合わせる。そんな練習です。

合わないと言って不安になる必要はないのです。元々合ってないのですから。元々違う二人を一つに近づける作業なのです。

いちばんの理想は『強くてしなやかなカップル』になることです。

夫婦生活をノントラブルですごすことが絶対に不可能ならば、ガラスのように硬いけど割れてしまったり、グニャリと曲がったまま元に戻らない関係ではなく〝降りかかる困難をしなやかに受け止め、強靭な強さで跳ね返す〟そんな強くてしなやかカップルになればいい。

この本はそのための練習方法を記した本です。

先生は過去に『ｋｕｒｏｆｕｎｅスタイル』の結婚式で、私と一緒にウェディングを作り上げたカップルさん達ですので、超現場主義の超実践講座です。

ケンカで気づく本心

結婚式の準備期間は、通常4ヶ月~半年、長い人で一年ぐらいです。

その間、まぁみなさんよくケンカをします。打ち合わせに来る道中、車の中でケンカして打ち合わせ中もろくに口もきかないとか、本気モードのケンカが始まってしまって、当分打ち合わせができないなんてことがよくあります。

挙句の果てには「私達結婚に向いてないのかも・・・」なんて言い出す始末。

間違いなく愛し合う二人が、いがみあったりののしりあったりするケンカは、無いに越したことはないのですが、見方を変えれば互いに自己主張している証拠でもあります。

問題があるとすれば自己主張しすぎることですが、これはあまり心配ありません。何度もぶつかりあううちに、おのずと着地点は見えてきます。

むしろ心配なのは気持ちをぶつけあっていないカップルです。

相手のことを思って言わない、というのは奥ゆかしいことですが、相手に嫌われるのが怖いから本音を隠すというのはまずいです。前者は相手のことを思いやっていますから、その気持ちは必ず相手に通じますが、後者は相手から逃げているので気持ちが通じません。

こんなカップルがいました。

二人は高校時代の同級生。もう10年もお付き合いをしていて、ケンカなんてなかったそうです。そんな二人が結婚を決めて準備を始めました。しかし、準備が進むにつれ、日に日に新婦さんの口数が減っていき、どんどん元気が無くなっていきました。

そして結婚式の2週間前、ついに彼女は周囲との連絡を絶ってしまいました。彼がどんなにアプローチしても全く受け付けず、とうとう結婚式の3日前に破談に。

私は、破談になる少し前、彼女と二人で数時間ほど話をしました。そこで彼女は10年間溜めに溜めた『言えなかったこと』を吐き出してくれました。

お付き合いを始めたころ二人はまだ高校生、しかも受験を控えていました。息子の成績を心配して、お母さんは彼女とのお付き合いを大反対。彼がかばってくれたためなんとか交際は続いていきましたが、お母さんの顔色を見ながらのお付き合いでした。

「私が我を出すと、彼が困る」

いつしか彼女は、そういった思いに縛られてしまっていました。その後、彼の前で自分を出せないままお付き合いを10年続けてきたのです。

お付き合いをしているうちはそれでも良かったかもしれませんが、いざ結婚となると両方の親も出てくるし、解決しなければいけない問題もたくさん出てきます。でも彼女は気持ちをぶつけあうこともケンカして発散することもできませんでした。10年間心をぶつけてこなかったから今さらぶつけられなかったのです。

『私達は10年間何も積み上げてこられなかった』

彼女はそのことに気づいてしまい、前に進めなくなってしまったそうです。程なく彼女の心は限界を超え、結婚は破談となりました。


それを思うと、今の目の前のケンカ相手が愛しく思えませんか？

ケンカできるって幸せだなって思えませんか？

そう思えたのならそのケンカをちょっと減らすために、なぜ相手はそう思うのか？なぜそうしたいのか？　を考えてみてください。


冷静に『なぜ相手は・・・』と考えられたなら『その気持ちも分からないでもない』と思えるかもしれません。

あなたの相手はどんな人？

先ほど、『なぜ相手は・・・』と考えてくださいと言いました。相手の立場に立って相手の気持ちになって考えてみれば、きっと『わからないでもない』という答えが返ってきます。

あなたの相手はあなたが一生を共にしようと決心できるくらい素敵な人であることは間違いありませんが、かと言って完璧な人だという保障はありません。

なにせお付き合いしている間は『アバタもエクボ』と言うぐらい、プラス評価で見ていますし、相手の方も会うのは週に一回程度でしょうから、ごまかすことも可能です。

この週一回程度と毎日の違いはとても大きいのです。

『彼のためにちょっと丁寧にお化粧して、ちょっといい服着て、部屋をきれいに片付けて、デートのプランを考えて、たまにはサプライズなんかも用意して・・・』なんてことができるのは週に一回だからです。

週に一回しか会わないなら、時間をかけたお化粧で「最高の私」になっていますが、毎日しかもスッピンを見せるならごまかしはききません。

『夫婦になったんだから毎日一緒にいられるね』っていうのは、週一日の特別な日が毎日続くのではなく、普通の日常を一緒に過ごすということです。それは週一日のプラス評価の日を基準に評価すれば当然『こんなはずじゃなかった』ですよね。

そうならないためには、この人がどんな人かしっかり知ることです。相手を好きなことは好きとしておいといて、この人はどんな性格の人か、どんな考え方をするのか、どう言えば機嫌がよく、どう言えば不機嫌になるのか。

とにかく人間観察をしてどう付き合うかを考えてみましょう。

あるカップルの例をお話しします。

新郎さんは超シャイな人でした。シャイというと心がキレイとか、いい人っぽいイメージですが、度を越すと困りものです。なんたって目を合わせないどころかほとんどしゃべらない。彼に聞いても答えてくれないものだから打ち合わせは全て彼女と話すことになります。

二人で来る意味はないのでは？　と思うのですが毎回必ず二人でやってきました。

ここで私にひとつの疑問がわきました。どうやって交際に持ち込んだんだろう？　と。恐らく、彼に会えば誰でもそう思うはずです。彼が告白したとは思えません。ましてやプロポーズなんて・・・。

彼女は私の素朴な質問に「彼を知る人はみんな聞いてくるんですよ」。とコロコロ笑いながら答えてくれました。

あるサークルで知り合い、グループ交際みたいにしていた二人は、ある日周囲のお膳立てで二人で会うことになったそうです。彼女の車で、彼女の運転で、一日モタモタしたデートをしたそうです。

夕方になって彼を駅まで送っていったところ、「あの・・・」と言ったまま彼は車から降りようとしません。帰宅時間帯の駅前に車を止めたまま20分が経過しました。「あの～周りの人にも迷惑なので」と彼女が言うと、彼がすがるような目で見つめてきます。しかたなく駅前から邪魔にならないところに車を移動して、待つことさらに30分。やっと蚊の鳴くような声で「お付き合いしてください」と言われたそうです。

普通だったら優柔不断だと思いますよね。でも彼女はこう言いました。

「グループ交際しているときから彼の気持ちは分かっていました。不器用この上ない人ですから分かりやすかったんですよ。二人でデートしたら告白してくるなって確信していました。

でも彼がシャイでなかなか言えないだろうから、デート3回ぐらいは待たされるだろうから、次のデートの約束をどうやってとるかそのことばかり考えていました。

だからデート初日で言えただけでもすごい、よく言えたねって感じでした。一時間待ちでしたけど（笑）」。

彼のことをよく知らない人は、彼のことを思ったことを口に出せない人だと思うでしょう。でも彼女は彼をよく観察し、本質を知っていたので、ちょっと時間がかかるだけで、ちょっと待てばいいと思っていたのです。

今、彼には娘ができ、娘を溺愛する口下手で子煩悩なパパですが、口下手だけど記念日にプレゼントを欠かさない超愛妻家です。

今、奥様は旦那様のことを『とってもよくしゃべる饒舌な人』だと言います。きっと彼は奥様の前だけはおしゃべりになれるのでしょう。

相手を知ること、そして相手に自分を知ってもらうことって、幸せの近道のような気がしませんか？

価値観の違いも「まぁいいか」

夫婦は一心同体だとよく言いますが、私はそうは思いません。
運命共同体や一蓮托生なら分かりますが、一心同体じゃない。性別が違います
し、性格も考え方も価値観も違います。
『あなたの相手はどんな人？』を知るというのは自分との違いを知り受け入れる
ためのきっかけなのですが、同様に大切なのが『私』を知ってもらう努力です。
私が相手を分かるだけではなく相手にも私をわかってもらう。何をかと言えば
二人の違いをです。
分かりやすいもので言えば趣味でしょうか。
私は魚釣りや車なんかが大好きです。そしてのめり込んでしまうタチです。そ

の趣味を私の奥さんは全く理解してくれません。私の車には買った当日に５００m助手席に乗っただけで「もういいわ」と言って、それから6年間一度も乗っていません。魚釣りも一度一緒に行っただけで「もういいわ」と言われました。

趣味の世界は、その人に興味が無ければかける時間も労力も費用も全く無意味なものです。私の奥さんも当然ながら理解しようとも関ろうとも一切しませんが、私から奪いもしません。まぁ多少の制約ぐらいはありますが・・・。

当の本人である私が「何で好きなの？」と聞かれても答えに困るのだから、奥さんに理解しろといっても無理に決まっています。

でもそこに、釣竿とか車とかめったに魚の入らないクーラーボックスとかがあることは事実です。そこにある事実として受け入れてもらうしかない。

『しょうがないなぁ、まぁいいか。』と言わせるしかないんです。であれば『しょうがないなぁ』と言いやすくすればいいのです。『まぁいいか』と思わせやすくすればいいんです。

こんなカップルがいました。

よさこいソーランに命をかけているカップルです。

彼は『よさこい一番、あなたは二番』と断言してしまう人でした。結婚式のタイミングも6月の北海道よさこいが終わってから、秋のお祭シーズンが始まるまでの間、だそうです。

彼女もそれを当たり前のように受け入れていました。

私が「自分よりよさこいでいいの?」と聞くと、「だって仕方ないですよ。」と彼女は言いました。

「よさこいをしている彼を見てステキだと思っちゃったんです。

あの瞬間、彼はとてもキラキラしていて心底楽しそうでした。

彼からよさこいを奪うのはさすがにかわいそうで・・・それにずっと一緒にいる人だからこそ、どこかでときめかせてほしいじゃないですか」

相手がうれしそうにしている姿は見ていていいもののはず。ならば、認めてあげるか、応援してあげるか、それともいっそのこと一緒にやるか・・・

ちなみに彼は普段の洗濯は彼女に任せるのに、練習で汗だくになった服だけは全部自分で洗うそうです。

私も彼に見習って、釣りに行って潮だらけになった服は自分で洗うようになりました。

『まぁしょうがないか・・・』のためのキーワードはキラキラしている、メリハリがある、迷惑をかけない努力がみえる、なのかな?

『しょうがない』とか『まぁいいか』というのは納得しているわけではありません。『許す』とか『妥協する』に近い感じでしょう。

その時の表情につきものなのが『苦笑い』です。どう言えばあなたの相手は苦笑いするのでしょう?　どうやれば『しょうがないわね』と笑って許してくれるでしょう?

そんな想像をするだけで、いがみあいはなくなりそうですよね。

女性は「魅せたい」男性は「楽しみたい」

結婚式の準備は女の子だけが大変な思いをして彼はとっても非協力的、そんな彼に新婦は不満タラタラ・・・。そんなときに私がよく言うセリフがあるんです。
「よかったねぇ、彼が結婚式にハマらなくて!!」。

大抵の新婦さんは「???」という顔をしますが、もし男性が結婚式に興味を持っちゃったら、自分のやりたいことをガンガン主張してきて、あなたの思っていることが出来なくなります。これは事実です。

私も何度か「やる気満々」の新郎さんのお相手をしたことがありますが、彼女が希望を言うと露骨にイヤな顔をするなど、なんと自己主張の強いことか・・・。

彼が楽しそうに意見を言えば言うほど、彼女は『彼が着させたいドレス』を試着することになります。そしてここだけの話ですが、積極的に意見を言う彼のセンスをあなたはどれくらい認めていますか？

１００％あなたの望み通りのドレスと、彼のセンスが随所にちりばめられたドレス、あなたが着たいのはどっちですか？

「非協力的なくらいがちょうどいい、あなたの思うようにやれます。でも当日が近くなれば男性は動きますから大丈夫ですよ」。これも大抵の男性に当てはまります。

なぜかというとお披露目の時の『～したい』が男性と女性で違うからです。

女性は『楽しみたい』のはもちろんですが、『見せたい』もっと言えば『魅せたい』という意識が強くあるように感じます。女の子ですもの当たり前ですよね？

では男性はどうかというと一部のナルシストを除くともう『楽しみたい！』しか考えていないんです。

準備期間の前半はドレスに始まりいろんなアイテムを決めていく時です。選ぶアイテムは『楽しさ』にはほとんど影響しませんから、男性はあまりテンションが上がってきません。むしろ面倒くさいと思っている方が大半です。

しかし、後半になってくると披露宴の進行内容を決める作業です。まさに『いかに楽しませるか？』を考えるわけですからほっといたって勝手にテンションあがってきます。

では、どうやって自分も彼も楽しめるように『たのしく準備する時間』を生み出すか？　ここでひとつ例をご紹介します。

あるカップルのドレス選びのことです。

「今日は頑張ろうね」

「うん・・・」

よくあるカップルのシーンです。彼は全くやる気がないようです。携帯なんていじっています。

私は彼女にささやきました。

「彼とは鏡越しで話をしてください、出来れば腕を組んで」

日本の男性は、基本的に照れ屋です。面と向かって「可愛いよ」「似合っているよ」なんて、そうそういえるものではありません。

そこで、鏡というフィルターを通すのです。アクセサリーを選ぶときも、鏡越しで会話をします。すると、自然と肩や腕が当たるくらいの距離になり、彼はドキドキします。そして、ぽろっと「似合ってるね」と言ってくれるはずです。

ドレスを選ぶときは、彼と腕組みして引っ張りまわす。そして、同じく鏡越しに「どう？」と聞くと「きれいだ・・・」と素直に言えるようになるのです。

その時は、少し大げさに喜んで嬉しがってあげてください。これで男性は動きます。

よくある失敗例は、いちいち彼に「これどう？」「これ似合う？」と面と向かって言ってしまうことです。

照れ屋の男性に主導権を渡してもなかなか前には進みません。ここは、ドレスを着た女の子の方がリードしてあげてください。

また、ドレスやアクセサリーは一度でなかなか決まりません。なので、また同じ作業を繰り返すことになることが多いものです。帰りが遅くなり、そのまま帰り際に外食になることも多いです。ですので、

「今日何食べたい？　あなたの好きなものでいいよ。今日は付き合ってもらったしね」

こんな一言はどうでしょう。自分をねぎらってくれて、好きなものを食べられ、感謝される。彼は「次いつ行くんだっけ？」きっとそんな風に楽しみにしてくれるでしょう。


……………………………………………………………


なぜ相手が嫌がるのか、なぜ興味を持てないのかには理由があります。

「なんでわかってくれないのよ？」という前に、少し冷静になって相手の気持ちを理解しようと考えてみてください。


相手をねぎらい、好きなものを食べてもらい、感謝する。これって結婚生活にも欠かせないものだと思います。

時には母親気分で・・・

素敵な人に出会った・・・週1ペースでデートを重ね・・・順調に二人の距離を詰めてきた・・・この人にならこれからの人生預けられるわ！

って思っていたのに、いったい何なのよ～!!

何にも協力してくれないし、やらなきゃいけないことをほったらかすし、大事なことから逃げるし、いい加減だし、適当だし、無責任だし・・・。

ブチ切れそうになりますよね？　そばで見ていてホントに気持ち分かります。

私もいったい何回気まずい雰囲気に立ち会ってきたか。

あんなに行動的で、あんなに積極的で、あんなに前向きだったはずじゃない？

なんで結婚式の準備はそんなに面倒くさがりで、そんなに消極的で、そんなにマイナス思考なのよ？

彼に向き合って文句を言いながらも、なんとか一緒に取り組もうと健気な努力をする新婦。その姿を見るたびに男と女の違いを感じます。

性格や考え方の違いじゃないですよ、成長度、成熟度の違いです。要するに男が子供なんですよ。


そう言うと「少年の心を持ったキラキラした瞳の・・・」みたいにいいイメージに誤解されますが、まったく違います。

やらなきゃいけないことから逃げる人は少年の心の持ち主ですか？ 面倒がってするべきことをしない時、瞳はキラキラしていますか？ はっきり言うと男は幼稚なんです。

あんなに行動的で、あんなに積極的で、あんなに前向きだったのは自分がしたいことだからです。いっしょに・・・遊びたい、楽しみたい、驚かせたい、喜ばせたい・・・これは全て主導権が自分にあるからです。

そんなに面倒くさがりで、そんなに消極的で、そんなにマイナス思考なのは自分が興味ないからです。ドレスも花もチャペルもペーパーアイテムも手紙も写真やビデオも主導権が彼女にあるからです。自分が一番じゃないとイヤ、命令されるのがいや、上から目線がムカつく、否定されるのが許せない。

男である自分が言うのはつらいですが、やっぱり悲しいほど単純な生き物だと思います。打ち合わせをしていると男でいることが情けなくなってくる時があります。「もうちょっとちゃんとしろよ」と言いたくなる。でも私はほとんどの場合男に「変われ」とは言いません。

プライドの高い生き物ですから否定されればふてくされて動かなくなる。私が言っている時は「自分よりだいぶ年齢も上だし、結婚間近のカップルを山ほど見てきた人だから・・・」なんて思ってくれてうなずいていても、彼女に「ほらみなさいよ～」みたいなことを上から目線でいわれた瞬間明らかに機嫌が悪くなります。ではどうすればいいのか？

私は女の子の方に「変わってあげて」と言います。不公平だと思いますか？　明らかに不公平ですよね？　私も出来ればそんなことを言いたくない。だけどしょうがないんです。

男が幼稚だから女の人と対等になんかならないんです。だからこう考えてほしいんです。

『結婚する時点の男はまだ完成なんかしていない』と。

今の彼を評価するのではなく、彼は育てるものだと考えてほしいのです。彼はお付き合いをしている上では素敵な人で、結婚したいと思える人ですが、だからといって夫として出来上がっているわけではありません。

恋人を評価する物差しとダンナ様を評価する物差しは違います。今はまだダンナ様の種だと思ってくれるといいと思います。

種をながめて文句を言っても始まりません。土に植えて、光と水と肥料を与えて大きく育てる。「大きな実　＝　素敵なダンナ様」です。

では、大きく育つためには、光はどう与えればいい？　水の量は？　肥料の種類は？

母親気分で子供を育てるつもりで考えてください。

子供は大人より明らかに能力が低い、経験値もない、だけどお母さんは子供のことをバカにしたりはしませんよね？　足し算ができるようになったと喜び、字が書けるようになると「すご〜い」と褒めちぎる。自分はとっくに出来るのに・・・

あれですよあれ。

褒めて、おだてて、頼って、その気にさせて・・・ちょっとできるとまた褒めて、おだてて、頼って、その気にさせて・・・立っている子供の前に膝をついてすわり子供の目を少し下から見上げながら・・・。

お母さんの視線は今の子供を見つめながら同時に子供の未来を見ています。足し算ができるようになると子供の未来がまた一つ開けるからワクワクします。字が書けるようになると子供の未来が今よりさらに明るくなるから「すご〜い」と言う。

母親気分で「彼」を「夫」に育ててみませんか？

母親気分に慣れてくるとこんな応用もきくようになります。ケンカした次の日、女の子の方からあやまってみてください。シャクにさわるのはわかっていますがそこは母親気分ですよ。ケンカをしても次の日になると半分は後悔しているものです。

「あそこまで言わなくてもよかった」「相手の気持ちもわかる」「ついカッとして・・・」

そして多分ケンカのそもそもの原因はもうどうでもよくなっています。むしろ言い合いがケンカにまでなったのは相手の言い方や態度。だからこそ、あやまるのがシャクだ。おそらく二人ともそう思っています。そこで母親気分で彼を育てるのです。

あなたが先にあやまると、きっと彼は『許してやる』とも『わかればいい』と

も言わないはずです。「おれも言いすぎた」と言うはず。それをケンカのたびに繰り返したら・・・

「どちらが正しいか?」ではなく毎回次の日には彼女からあやまられたら・・・。どんな男だって「あれっ?」ってなります。なんか器の違い感じちゃいますよ、ニッコリ笑顔で余裕かましてあやまられたら。

多分彼はなかなか戦闘モードに入ってこなくなると思います。なんせ男って動物はプライド高いですから(笑)。

Column

まだ見ぬパートナーに思いを馳せて

この本を手にとって下さった方々の中には、ひょっとしたらまだ生涯のパートナーに巡り合っていない方もいるかも知れません。

そこで、そんな方々のために、私が出会った中で一際強い印象を残したカップルを紹介します。

二人は高校の同級生でした。彼は彼女のことを好きになるのですが、ずっと告白出来ずに卒業式を迎え、別々の道へ・・・。

しかし、二人は二年後に再会することとなります。それは成人式のことでした。

華やかな振袖姿の彼女を見た彼は、「やっぱり彼女しかいない!」と改めて思ったそうです。そして、彼の猛アタックが始まりました。

やがて、彼の気持ちは彼女に届き、お付き合いを始めることになりました。

もう彼は、天にも昇る気持ちで、まさにバラ色の毎日だったそうです。

しかし、そんな幸せな毎日がわずか一ヶ月で、音を立てて崩れていきました・・・。

彼女が車で帰宅途中、カーブを曲がり切れずセンターラインをはみ出してきたトラックと衝突・・・。命は助かったのですが、瀕死の重傷でした。

そして、彼女は寝たきりの入院生活となってしまったのです。

医師から、「どこまで回復できるか・・・」と宣告された彼女は「どうしてこんな目に合わなきゃいけないの?」と泣き続けました。


彼は毎日病院へ通いました。でも、会わせてもらえませんでした。

彼女の気持ちはわからなくもありません。好きな彼に会う時は、入念にヘアメイクをして、可愛い服を選んで会っていたのです。

今の彼女は身だしなみを整えるどころか、お風呂に入ることも髪を洗うこともできません。しかも顔も体もアザだらけで、手術の痕もあちこちにあります。若い女の子がそんな姿を好きな人に見せたいでしょうか?


しかし、彼はそれでも毎日病院へ通います。

病室を訪ねると、彼女のお母さんが病室の外に出てきて状態を話してくれます。彼はそれを聞いて安心して帰っていく。そんな毎日でした。

彼女は彼が帰ると、涙を流しました。そして必ず、「〝もう来ないで〟と伝えて」とお母さんに言いました。

やがて、お母さんは彼と病院の入口で会うようになりました。きっと娘の心をこれ以上乱したくなかったのでしょう。彼女は「やっとあきらめてくれた」と思っていました。


それから数カ月経ったある日、彼女は掃除のおばさんからこんな一言を聞きました。

「羨ましいねぇ、毎日お見舞いに来てくれるステキな彼氏がいて」

「えっ、誰のことですか?」

「あなたですよ。今日もさっき下でお母さんと話してたわ」

彼女はこの時、彼が今もまだ彼が通い続けていることを知りました。

そして翌日、彼女はお母さんにこう言いました。

「次に彼が来たら病室に入ってもらって。元に戻らないかも知れない私より、他にステキな人を見つけてもらいたいから。私もいつまでも引きずっていたら辛いだけだし・・・だから私の口からお別れを伝えたいの」

その日の夕方病院にやってきた彼は、ついに彼女の病室に通されました。


そして翌日。昨日まで泣き続けた彼女が、回診の時、主治医の先生にキラキラした顔でこう宣言したのです。「私どんな手術にもリハビリにも耐えます。だから私の体を元通りにしてください」

主治医の先生は驚きました。

「何があったの?」

そう問われた彼女は、昨日のことを話しはじめました。

「彼は、私の体の状態を母から聞いて全部知っていました。それでも、こう言ってくれました」

「ずっと言いたかったことがある。結婚してほしい」って。

その時彼女は、元通りの体にならないかも知れない自分が彼のそばにいてはいけないと思い、「別れてくれ」と頼んだそうです。

でも彼は、「そのままのあなたでいい・・・手のかわりも足のかわりも僕がやればいい。でもあなたのかわりは誰にもできない。あなたでなければだめなんだ」・・・と譲ることはなかったそうです。

平行線のまま数時間が経ちました。彼の根気に疲れ果てた彼女は、「もう好きにしてよ・・・」とつぶやきました。

すると彼は、体に触れるか触れないかほどの、本当に優しい力で彼女の体を抱きしめてくれたそうです。

その腕のなんてたくましかったこと。

その胸のなんてあったかかったこと。


彼女の心はその瞬間、とけたそうです。そしてこう思いました。

「私が何を言おうとこの人は信念を曲げない。だったら彼のとなりに立った時に彼の足手まといにならないように、私は元通りの体になりたい！」

それから彼と彼女の二人三脚の日々が始まりました。

辛いリハビリにも彼はいつも笑顔で付き添ってくれます。頭を洗ってもらい、体を拭いてもらい、着替えも手伝ってもらいました。傷が治ってくるたびに、二人で喜んだそうです。


私は、結婚式の一週間前にこの話を彼女から聞かされました。

「私を見て気が付きませんでした？」

笑って言う彼女に、私はただ首を横に振るだけが精一杯でした。

そして一週間後、ウェディングドレスを着た彼女は見事なまでに美しく、華やかな笑顔でゲストを魅了しました。

そして、式の終盤に彼女のお母さんからの手紙が披露されました。

「娘に出会ってくれてありがとう。娘を愛してくれてありがとう。あなたのおかげで娘は人生を取り戻すことが出来ました。あなたになら喜んで娘を託せます。どうか幸せにしてやってください。」

会場中に涙が溢れました。

私には二人の娘がいます。いつかどこかの誰かが私の元から奪っていくでしょう。

でもどうせ取られるならこんな男に取られたい・・・そう思わずにはいられません。

彼はイケメンでも背が高いわけでもありませんでした。でも彼はとてつもなくカッコ良かった。

それは信念を貫くブレない男のカッコよさでした。

女として生まれたなら、こんな〝ブレない男〟に愛されたい・・・。

こんな男性が「あなたでなければ・・・」と命をかけて愛するのはどんな女性でしょうか？

あなたはどんな女性でありたいですか？

・・・そんな想像の先にシンデレラのガラスの靴があるのかも知れません。

3章

幸せへのハードル

「まぁいいか」は幸せになる魔法の言葉

結婚には様々なハードルがあります。まずは新婦さん側から見ていきましょう。

嫁姑問題。これは避けては通れない幸せへのハードルです。普通なら彼を生み育ててくれた人だとか、夫婦生活の先輩だとか、相手の親を大切にすることが正解みたいに言われてますが、この本は超現場主義の超実践講座ですからベールを取っ払ってリアルな話をしたいと思います。

お嫁さん側と言いましたが、この項目は、新郎さん、そして新郎さんのお母さんにも読んでもらいたいと思います。

では、ここで想像してください。

結婚を間近に控えた若いカップル、結婚したら入居するマンションも決まり、今日は家具類を入れる前の大掃除です。

二人で出かけようとしてたら、彼のお母さんが良かれと思って「二人だけじゃ大変だろうから私も手伝ってあげるわ」と言ってくれました。

新婦さんにしてみれば大助かりだろうきっと、

「掃除は大変だし、彼はあんまり手伝ってくれそうにないし、主婦歴30年が手伝ってくれたら鬼に金棒だし、いっしょに掃除しながらお母さんと仲良くなれたら・・・」

こんな風に思ってくれるはず！

しかし、果たして新婦さんはこう思うでしょうか？　まず思いませんね。ではどう思うか？

「主婦歴30年のお母さんに私の掃除見られたらどう思われるだろう？　お母さんと比べられてるみたいでいやだなぁ、あれこれ気を使うなら彼と二人だけの方が気楽でいいのに・・・」

これが本音かもしれません。さらに想像を続けてみましょう。
現場に着いて、さあ大掃除の始まりです。
掃除をしながらお母さんは気を使って『あら上手ねぇ』と褒めてみたり、また**良かれと思って**『こうやって掃除すると楽よ』とアドバイスしてみたり・・・。でもお嫁さんは『私を採点されてるみたい、ダメ出しされてるみたい』とプレッシャーを感じるものです。
最後に・・・新居のリビングとして使う部屋の前で、二人が言い合いをしています。彼は『コタツがいい　家に帰った時はゴロンとくつろぎたい』、彼女は『そんなのダラダラしててイヤ、ソファーの方がスッキリしてておお洒落だし』
それを微笑ましく聞いていた主婦歴30年のお母さん、またまた**良かれと思って**・・・『コタツって一家団欒って感じで結構いいものよ。それに使わないときは片付けちゃえば部屋を広く使えるけどソファーは一回置いたらもう動かせないわよ』
さあ問題です、このお嫁さんソファー買えるでしょうか？

かなり意地悪な書き方をしましたので、これを読んだお母さん世代は「じゃあどうしろって言うのよ！」と思われるかもしれません。

ですが、当たり前ながら、お嫁さんはみんな彼のお母さんとうまくやっていきたいと思っています。

お母さんの方もお嫁さんと仲良くやっていきたいと思っています。むしろ娘が出来たと喜び、一緒に買い物したり料理作ったりしたいと夢を膨らませるほどです。

なのに、なぜこんなにもお互い気を使うのでしょう？

なぜ思うようにうまくいかないのでしょう？

これはあるお嫁さんから聞いた言葉です。

「最初は小さな違和感でした。その小さな違和感が少しずつ集まって小さな嫌悪感になり、それが積もり積もって嫌いになる。仲良くしたいと精一杯気を使ってきたからなおさらです。もう何をされてもいいようには受け止められず、すべてを悪くとらえてしまう」

かなり思い悩んでいますね。でも本当に悪意に満ちた言葉や態度でしたか？そんなに許せないことをされましたか？

良かれと思って言う余計なひとことがお嫁さんを傷つけ、良かれと思ってする小さなおせっかいが嫌悪感を生む。でも良かれと思ってやっているわけですから、本人に悪意はありません。

ではいったいお母さんのどこがいけないのか？

私は「デリカシーがないこと」だと思います。にぶいと言ってるわけではありません。気づいていないだけだと思います、**自分の立場の強さに・・・。**

お母さんの言うことや、することにはお嫁さんはまず逆らえません。

特に最初のうちはまるで社長命令です。先ほどのソファーの話を思い出してください。お母さんに「コタツって便利よ」と言われたらお嫁さんはソファー買えますか？

お母さんは「そんなこと気にしないでソファー買えばいいのよ」と思うかもし

れません。

そんなお母さんにちょっと想像していただきたい。30年前のあなたは、自分が結婚する時、同じように義母がすすめてもソファーを買えましたか？

もしソファーを買ったら「言うこと聞かない嫁だ」と思われそうだからコタツを買いませんか？

ご自身に置き換えて想像してほしいのです。

「これを言えばお嫁さんはどう思うのか？」「これをすればお嫁さんはどう感じるのか？」そして「私が新婚の頃に義母にそれをされたらどう感じるか？」

またまた例題です。

二人の新居に行ったら洗濯物が干してありました。見ればもうとっくに乾いています。

さあ想像してみてください。ヒントは「マイナス思考」。

「取り込んで畳んでおいてあげたらきっと喜ぶわ♪」

ブー、それは「プラス思考」ですよ。想像してほしいのは相手の喜ぶ顔ではなく、相手の困った顔を想像してほしいのです。

「勝手にさわっちゃイヤかしら、下着なんかなおさらよね」

イイ感じだと思いますよ。

洗濯物を取り込んでおかれたのが嫌でも、お嫁さんは「ありがとう」としか言えません。

「ひょっとして迷惑だった？」と聞かれても、お嫁さんは「そんなことない、助かりました」としか言えないのです。嫌われたくないから。

この場合は取り込まないでおいて、お嫁さんにこう聞いてはいかがでしょう。

「取り込んであげた方がいいのか、触らない方がいいのか、どっちが喜ぶかわからないからそのままにしておいたわ。どっちが良かったかしら？」

「え〜っ　お母さん気づいてたんなら取り込んでくださいよぉ〜」

こう答えたお嫁さんのお母さんだけ次回から取り込んでやってください。

それ以外のこともあまり気にせずどんどんやっていいです。むしろこの手のお嫁さんには、お母さんは違うことで悩むと思います（笑）。

それ以外の答えが返ってきたお母さんは、当分「マイナス思考作戦」でいってください。

お母さんがお嫁さんの方へ寄っていくのではなく、〝お嫁さんがお母さんの方に行きたくなること〟を想像してみてください。

「お母さんってステキよね」と思われれば自然とお嫁さんは近づいてくるのではないでしょうか。

面倒くさい？　大丈夫、お母さんの気遣いに感謝するお嫁さんの顔を見ればどんどん聞いてあげたくなります。それに、時間がたてば聞かなくて済むことがだんだん多くなってきます。

それは、お母さんとお嫁さんがたくさんの会話を積み重ねた証拠であり、気心が知れてきた証拠です。

お母さんの「してあげよう」を「迷惑」ととらえるか、「ありがたい」ととらえるか、分かれ目は、嫁の性格よりも、嫁の気持ちを想像する母の優しい気遣いにあると思います。
さあ今度はお嫁さんがするべきことです。

まず最初に絶対守らないといけないこと・・・それは〝彼の親の悪口は絶対に言ってはいけないこと〟です。

あなたにとっては違和感だらけでも彼にしてみれば慣れ親しんだ親です。**〝ふとした言動であなたが感じるお母さんへの違和感〟を彼は感じていないのです。**

そして誰でも我が親のことは大好きです。あなたの文句の理由が正しかろうと、自分の親を否定されることは腹が立つのです。これは彼の頭が判断して反応しているのではありません。親から受け継いだＤＮＡがアレルギー反応を起こすのです。

「お前の母ちゃんデ〜ベ〜ソ！」に無条件に頭に血が上るのと同じです。

「彼の親への不満をわかってもらいたくて彼に言ったら逆ギレされた」よくある話です。

親との関係を良くしようとして、彼と仲が悪くなってしまっては意味がありません。
それにこの場合、彼の逆ギレに新婦がさらにキレ返し、間違いなくケンカになります。
ではどうすればいいのでしょうか？

さあ、ここから私なりの解決案です。この本では再三言っていることですが、まずは想像することです。相手の立場になってみてください。
まずは男の子を持つお母さんになってみましょう。

お腹を痛めて産んで、抱っこして、おんぶして、おっぱいあげて、おむつを替え、ヨチヨチ歩きの手を引いて、ランドセル背負わせて、制服着させて、反抗期を乗り越えて、受験戦争共に戦って、就職決まってホッとして・・・
生まれてからずっと一緒にやってきました。あなたの人生をかけて育ててきたのです。その大切な息子を他人に譲るのです。

あなたは〝息子を愛している〟だけの人に大切なわが子を譲れますか？　お嫁さんの性格や明るさ経済観念だけでなく、お嫁さんが作るご飯や掃除洗濯全てが気になりませんか？

だってあなたは息子が生まれた瞬間からずっと一緒にいるから性格も好みも全部知っているんですよ。

アドバイスしたくなりませんか？　あなたの大事な息子が幸せな人生を送れるかどうかはお嫁さんにかかってるんですから・・・。

さあ想像の世界から現実の世界に戻ってもう一度聞きます。

本当に悪意に満ちた言葉や態度ですか？　そんなに許せないことをされていますか？　きっと罵詈雑言や傍若無人な振る舞いではないはずです。

彼のお母さんの『良かれと思って・・・』は、確かに〝ウザい〟かもしれませんが、その気持ちもわからなくはないですよね？

彼とは愛し合って結ばれた仲ですが、彼の親とあなたは愛し合って結ばれたのではありません。乱暴に言えば、見ず知らずの他人がある日いきなり親子になるのです。

〝違和感だらけ〟〝合わない〟が当たり前です。

ここで、落ち着いて考えてみてください。
お嫁さん側の一番の望みは『彼と仲良く幸せに暮らすこと』ですよね。
だったら・・・
『彼が喜ぶからまぁいいか』
『そんなの嫌でもないしまぁいいか』
『お母さんの気持ちもわかるしまぁいいか』
『別に困るわけじゃないしまぁいいか』

まぁいいか、まぁいいか、まぁいいか・・・。

『まぁいいか』はケンカを減らします。このおおらかな言葉は夫婦生活を明るくする魔法の言葉です。
毎日毎日、呪文のように繰り返して、腹が立つ前に自然と口から出るように、体に沁み込ませてください。

この『まぁいいか』は二人を離婚の危機からも救います。

夫婦生活にはたくさんの問題が起こります。しかもそれらの中には、答えのない問題、答えがいくつもある問題、解決方法のない問題、解決する喜びより解決する時の痛みの方が大きい問題などもあります。

無理をして乗り越えようとすれば、大きなケガをするかもしれませんし、疲れ果てて動けなくなるかもしれません。

そんなときは無理をしないで険しい山や深い谷を飛行船に乗ってのんびり俯瞰で眺める・・・「まぁいいか」とはそういう言葉なのです。

桐のタンスの奥に絹に包んで運び入れる、一番大事な嫁入り道具はこのおおらかさなのです。

いままで主にお嫁さんに向けて書いてきたのに、この章だけはお母さんにも向けて書いたのは、どちらか一方だけでなく双方に読んでいただきたかったからです。

読んだ次の日はお互いちょっと気まずいかもしれません。

もし『言われてみればそうよね』と思えればきっと新しい母と娘の関係がはじまる。

誰かが言うべきかもしれないこんな話を、お父さんが言えばお母さんはムカッとくる、ダンナさんが言えばお嫁さんがスネる。私はこの話をたくさんのカップルにしてきました。

お節介かもしれないけれど、ブライダルプロデューサーとしての私の役目の一つと思っています

親の口にはそっとフタを・・・

さきほどはお嫁さんと新郎のお母さんに向けてお話ししました。
次は新郎さんの番です。
まずは、ちょっといじわるなインタビューをしてみましょう。

「新婦と母親どっちが大事？」
↓「・・・・新婦・・・」（でなきゃ結婚しませんよね）
「いっしょにいて楽しいのは？」
↓「もちろん新婦」（そうでなかったら超マザコンです）

「いっしょにいて気を使わないのは？」
↓「母親かな」（生まれてからずっとと、ここ数年のちがいですね）
「何も言わなくてもわかってくれるのは？」
↓「母です」（年季の差と血の濃さと・・・）
「毎日いっしょにいたいのは？」
↓「そりゃあ新婦ですよ」（生涯を共にって誓ったんだからね）
「ではもう一度、新婦と母親どっちが大事か本音を？」
↓「・・・選べないのが本音」（そりゃそうですよね）

ラスト2問です。

「お母さんを幸せにするのは誰の役目？」↓「父です」

「では最後の質問です　新婦を幸せにするのは誰の役目ですか？」↓「私です」


まず、まっすぐに見つめるべきは誰か、もうわかりますよね？

そして結婚当初の答えはこんな感じですが、夫婦でいる時間が長くなると「母親」と答えてたパートが「奥さん」に代わってきます。夫婦の歴史が出来てきた証しです。


さて、その夫婦の歴史を作っていくうえで、どうやら大きな影響を与えることになる親という存在。

たくさんの親という生き物を拝見してきて、いろんな親がいるなぁ・・・としみじみ感じます。大多数の素晴らしい親と、一握りですが存在するそうでもない親。

先ほどの項でお母さんとお嫁さんに頑張ってもらったのですから今度は新郎さんの番です。

何をしていただくかというと『親の口にフタをする練習』です。

こう書くと親をないがしろにしているように聞こえるかもしれませんが全く逆です。

さきほど、お母さんに『自分がしてあげたい気遣いではなく、嫁の気持ちを想像する母の優しい気遣いを持ってほしい』と言いましたが、実際の日常の生活では、当然ですが抜けるところや勘違いをしてしまうことだってあると思います。

そこで防御策としてお母さんが出すぎてしまったときに、息子である新郎さんにストップをかけてもらいたいのです。

実の息子に止められれば、お母さんもそんなにイヤな気はしない。自分以外の第二の防波堤があるならお母さんも少し気が楽になります。

お嫁さんは彼が私のことを気遣ってくれていると喜ぶ。お嫁さんを守るのが新郎の役目とみんなの意識にすりこむことができます。

親子関係の中でも特に息子と母親は、はっきりものを言うことに慣れていません。

「あの子ったら何も言わないから・・・」というのは、男の子を持つお母さんの定番のセリフです。

今までなあなあでやってきていますから、どこかで一度リセットしてみては？ それには、結婚式の準備は最適です。準備期間にたくさん物事を決めなければいけないなら、そのことを利用して親にはっきりものを言う練習をしましょう。

考え方や価値観は親と子、さらに両家でも違いますから、一つにまとめるのは大変です。しかし、その違いを理解した上で、ゲストが本当に喜ぶことや自分たちがするべきことをしっかりと考え、ベストと思うことを親に提案しなくてはなりません。

この一連の取りまとめをすることによって、親と意見が食い違うこともあります。この理由は往々にして、『成功させたい！』というお二人の気持ちと、『失敗したくない！』という親の気持ちのベクトルの違いにあります。

ですので、親に「なぜそうしたいのか？」を説明する必要があります。時には親の意見に「Ｎｏ」を言って自分たちの意見を押し通すことになります。

それらが単に結婚式の準備だけでなく、親に意見を通す練習、親にストップをかける練習、親に「Ｎｏ」を言う練習になるのです。

そうして出来上がった結婚式が、親が想像するより温かくて和やかで意義深い素敵なものだったら、親よりもいいモノを作った実績になります。

親が口を出すのは心配だからです。出したくて出してるわけじゃない。二人にまかせておくと不安だからです。

親は「あの子たちは私達よりもずっと深く考えていいモノを作れる」と思えれば安心します。「あの子たちにまかせておいて大丈夫」と思えれば親はいらぬ口出しをしないで済みます。

結婚式は親のメンツもかかった大事な場。そこで参ったと言わせられれば、大きな信用につながります。

先ほどの項に出てきた「コタツ問題」、お嫁さんが自由に選ぶためにはお母さんを黙らせるしかない。黙らせる選択肢は二通り。

『ダンナが親の口をふさぐか』

『自分から黙らせるか』

ダンナがフタをするなら結婚式の準備でその練習をする。黙らせるなら、黙っていて大丈夫と思われるだけの信頼を勝ち取る。

結婚式の準備を一生懸命やるとこんないい副作用があるのです。

スネかじりは親孝行？

さて、今回は夫婦ともに親の気持ちというものを知っていただきます。

私にプロデュースをご依頼くださる夫婦というのは、やはり自立心も強いのでしょうか。

結婚式の費用は、なるべく自分たちの力で出来る範囲でおさめようと努力されます。

あれこれワガママ言い放題で、『お金はパパに出してもらう』なんていう方はいませんし、もしそんなことを言われたら、私ならまちがいなく『よそでどうぞ』と断ります。

今まで手塩にかけて育てられてきた大切なお嬢さんであっても、結婚後はあなたたち夫婦だけで生きていかなくてはなりません。

子供が生まれたら大人になるまで責任を持って育てなければいけません。毎月の給料だけでやりくりしていかなければいけないんです。


結婚とは覚悟です。そのスタートを最初から親に頼ってどうするのですか。

それに比べて『ご祝儀の範囲内で』とか『二人でお金を貯めて』とか聞くと『えらい！』と思わず褒めてあれこれサービスしたくなります。親に頼らないという心意気は実に立派です。自分達でできる範囲で我慢する謙虚な気持ちに拍手喝采です。

でもちょっとだけ待ってください。一度だけこんな想像をしてみてほしいのです。

あなた達の間に子供が生まれました・・・
それはそれは可愛い女の子です・・・

娘さんはすくすくと育ち、今のあなたと同じぐらいの年齢になりました。もう立派な大人です。素敵な男性ともめぐりあい結婚することになりました。あなた達の娘は親であるあなた達に負担をかけたくないと、頂くご祝儀とささやかな貯金の中で結婚式を収める努力をしています。えらいですねぇ。そのために本当は真っ白なウェディングドレスと、可愛いピンクのドレスの二着を着たかったのにウェディングドレス一着で我慢することにしました。本当はピンクのドレスも着たくてたまらなかったのに・・・。

さあ、そんな娘を持つあなたに質問です。

『あなたはピンクのドレス代を出さずにいられますか？』

この質問を実際の新郎新婦に投げかけると、10組が10組とも『お金は出すからピンクのドレスも着なさい、と説得する』と言います。

ほらね、立場が変わると正解も変わってくるんです。大切なことは親の立場や気持ちを想像してみること。

こんなちょっと寂しい例があります。

結婚を控えたとてもしっかり者のカップルがいました。

二人は迷惑をかけたくないことと、当日のお披露目でサプライズ企画を考えていたために、親には一切式の内容を言わずに進めたいとの意向でした。

私は、「簡単でもいいからお母さんに意見を聞いた方が良いですよ」と勧めましたが、自信満々で準備をしている二人には届きませんでした。

式は盛況に終わりました。親御さんを喜ばすサプライズ演出も盛り上がりました。

でも式が終わった後、お母さんが二人には内緒ということでこんなことを言われました。

「素晴らしい式だった。けど、本当はもっと二人の結婚に関わりたかった。それだけが残念だった」

当日びっくりさせられる、それはそれで嬉しかったけれども、それよりも、一緒に衣装を選んで、試食をして、ベールを降ろす練習をして・・・例えば、お母さんが花嫁さんのベールを下ろす、これだって意味があります。どういう意味があるのか、そういうのを知りながらリハーサルをしていたら、また感動も一際違いますよね。そうやって式に参加したかったたって。

もしあなたの親が、あなたが生まれたときから結婚するときのために積立貯金をしているとしたら・・・。

ぜひ、家にあるアルバムを開いてみてください。

七五三のときあなたは何を着ていますか？　小学校の入学式のとき何を着ていますか？　成人式のときは何を着ていますか？　大学の卒業式のときは何を着ていますか？

ひょっとしたらあなたのご両親は、お金を出してあげたくても出せない状況かも知れません。

ひょっとしたらあなたのご両親は一緒にドレスを見に行って『お金のことなら

心配いらないから』と言いながらたくさん試着させて、とびきりのドレスを一緒に選ぶことを、あなたが小さいころからの楽しみにしていたのかもしれません。頼るのではなく、思いを叶えてあげること、必要なら多少のお金を出させてあげることも、育ててもらった親への感謝かもしれません。

親に負担をかけないのも親孝行。親に頼るのも親孝行。あなたのご両親が喜ぶのはどっちの孝行でしょう？

招待状の価値

今回は、新郎新婦のお二人に、どうやったら〝あなた達らしい〟結婚式になるかを少しだけ知ってもらいます。

『kurofuneスタイルの結婚式』に欠かせない、オリジナルのアイテムがあります。

それは『定型文を使わない招待状』です。

通常、招待状といえば、いくつかのデザイン、いくつかの定型文から選ぶだけだと思います。それを毎回文面を一から考えるのです。

「なぜそんな手間のかかることを？」

私は、招待状をただの連絡手段で終わらせるのはもったいないと思います。招待した方に、新郎新婦のことを知ってもらい、当日に二人を応援する気にさせる、そんな価値があるんです。どうせ送るなら、そんな風に楽しみにしてもらいたいと思いませんか？

それには、見てすぐに定型文とわかってしまう招待状ではダメなんです。

実は、もうひとつ意味があります。

招待状をつくるときは、まず、Ａ４サイズで３枚のアンケートに二人別々に記入してもらいます。

そこには、

二人が出会った時のこと、
どんな時間を過ごしてきたのか、
どんな気持ちで結婚を決めたのか、
プロポーズされた時の気持ち、

結婚しても譲れないこと、
作りたい家庭の中での自分の役割・・・
しばらくすると、アンケート用紙に小さな文字がビッシリ埋まっていきます。

アンケートを元にたくさんの思いをテーブルの上に広げて、何度も文面を書き直して出来上がる。だからこそ、その招待状には命が宿り、読んだ人を感動させたり、ワクワクさせたりすると思うんです。

その招待状だけでもこの世に一つだけと言えませんか？

そこには”あなた達にしかできない“オンリーワンがあるのではないでしょうか。


ここで、あるカップルの実際の招待状を紹介します。

「あんな招待状初めてもらった！」

「読んでいるだけで、結婚式が楽しみになった！」

など、多くのゲストを感動させた内容です。

このカップルの友人や親せきになった気持ちで読んでみてください。

奈良に住む徳康と　三重に住む悠美子が
友人を介して出逢ったのは二年程前のことでした

意気投合した二人の交際が始まり
それからというもの　週に1度
鈴鹿山脈を越える日々が続きました
振り返って計算してみると…
奈良～三重間　片道100km　往復200kmを
週に一度　二年間通うと…
走行距離　20,800km
走行時間　416時間（17日と8時間）
ガソリン代　273,000円

これが会う為だけにかかるわけで…
これからやっとデートが始まるわけで…

交際を始める時
徳康は「距離を感じさせない」と約束しました
デートの後　奈良に帰った徳康の「無事に着いたよ」の
声を聞かないと　悠美子の一日は終わりませんでした

でもこれからは会う為に
片道二時間かけなくても…　100km走らなくても
一週間待たなくても…　よくなります

振り向けばいつも隣にいる　手を伸ばせばそこにいる
電話しなくても「ただいま」と「おかえり」が言える

私たち　結婚します

皆様に互いのパートナーを紹介し
「今までありがとうございました
これからは二人で頑張っていきます
今後とも宜しくお願いします」　という気持ちを込めて
ささやかな披露の小宴を催す運びとなりました
ご多用中のこととは存じますが　是非ご来席賜りますよう
宜しくお願い申し上げます

このカップルは、遠距離を乗り越えて結ばれましたが、お付き合いの間、友人であるあなたは、きっとこの二人を応援したはずです。
「もう無理かも・・・」という彼女に、「そんなことないよ、彼を信じて」とアドバイスしていたかもしれません。

そして・・・苦難を乗り越えた二人から、さきほどの招待状が届いたら・・・受け取ったときあなたはどう感じるでしょうか。

お披露目の意味

結婚式のお披露目には、数々の意味があります。

「自分たちの結婚報告」

「夫婦の誓い」

それだけではありません。ほかにもたくさんの役割をもっています。

例えば、親や親族の思いもあります。

今回は結婚式に挑む前の新郎新婦に、ぜひそのことを知ってもらいたいと思います。


実は、今まで二組だけ、親の名前で招待状を出したことがあり、お披露目の意味をご理解いただくのにわかりやすいのでご紹介します。

ある日、一組のご夫婦が結婚式のご相談にこられました。
「東京で美容師の修行をしている息子がいる。お付き合いをしている彼女がいて妊娠してしまったらしい。もちろん結婚して子供を産み育てていくつもりらしいが、とても本人には時間的にも金銭的にも気持ちの面でも、お披露目をするなんて考えられない」

そのご夫婦の家は、伊勢でも古いしきたりが残る町にあり、息子が所帯を持つのにお披露目をしないなんてありえないようなところです。
当然、親族同士の付き合いも頻繁で、つながりも深い。東京に出ていても地元の友人とは仲が良い。ましてやよそ様の大切なお嬢さんをお嫁にもらうのに相手の家にも申し訳が立たない。思い悩んで親御さんがご相談にこられたのです。

しかし、当の本人は修行中の身です。給料もさほど多くないでしょうし、まだまだ自分磨きの途中なのに家庭を持つ、子どもの親になるというその心情は、お披露目どころではないというのが本音でしょう。

ですが、親御さんの話を聞けば聞くほど、このお二人が真剣に結婚生活や子育てのことを考えていることがわかりました。

そこで私の提案は、

「だったら、ご両親から結婚式をプレゼントしてあげたらいかがでしょう?」

「え、でも息子はそれどころじゃないって・・・」

「だからプレゼントにするんですよ。プレゼントを渡すとき、最初から渡すことを伝えますか? 中身をばらしますか? 普通内緒にしますよね。プレゼントは内緒ですよ」

その瞬間ご両親の顔にも喜びの色が広がりました。

そこから、ご本人達が全く知らない結婚式の準備が始まりました。全ての打ち合わせと準備をご両親と一緒に作り上げました。

新婦さんは体調を考えて前日に入り、新郎さんは前の晩まで仕事をして深夜バスに乗り、当日早朝の到着です。

二人にはレストランで親戚への顔見せ食事会だと伝えてあります。

訳のよく分からないまま現場に連れてこられた二人を待っていたのは、美容スタッフと数着のドレス＆タキシード。あれよあれよという間に花婿さんと花嫁さんに仕立て上げられ入場のドアへ。

「新郎新婦の入場です！」の掛け声と共にドアが開かれ、その向こうにはスポットライトと共に嵐のような拍手と人・人・人・・・。

そしてたくさんの笑顔。家族、親戚、友人達、みんなよく知った顔です。


この瞬間、二人は初めて今日の日の意味を知りました。

そこにいる全員が二人の驚く顔や感激する顔や、ひょっとすると泣いちゃうんじゃないかとか想像してワクワクしていました。でも人間が本当に驚くと無表情になるんです。

彼らの顔が笑顔に溢れるのは、それから20分くらい後のことでした。その笑顔は二人が親御さんからのプレゼントの意味を知り、そしてそのプレゼントをしっかり受け取った証拠でもありました。


……………………………………………………………

最近はお披露目をしないカップルが増えてきました。お披露目に意味や価値が感じられなければ費用と労力をかけてまでする理由はありません。

だからこそ、お披露目をする意味と価値を知ってほしいと思います。今回は親御さんが二人にそのことを教えてくれました。

最後にそのときの親御さんの招待状を原文のまま紹介します。きっと皆さんにもお披露目の意味が分かっていただけると思います。

穏やかな陽の光と　やわらかな風に包まれ
心華やぐ春のひととき
皆様におかれましては　益々ご清祥のこととお慶び申し上げます

さて　この度　我が家に起こりました
“嬉しいハプニング”をお知らせ致します

長男　雅也が美容師の道を志し
上京してから　早6年の年月が経とうとしております

修行に励むかたわら　○○ちゃんという可愛い彼女もでき
充実した日々を送っているようでした

いつかは　その娘さんと…？　などと思いを馳せていた矢先
赤ちゃんを授かったという　嬉しいハプニングに見舞われました

息子　雅也は　まだまだ修行の身
子どもを授かった嬉しさよりも　産み　育てていくこと…
家族を守り　養っていくこと…　が重くのしかかり
とても自分から　皆様にご披露するどころではない
というのが本音のようです

そこで勝手ながら　皆様にご参集願うことを思いつきました
ご友人　ご親戚の皆様にお集まり頂き
夫婦として　また親として
踏み出す未来に不安を抱えている二人を
叱咤激励して頂き　強く背中を後押しして頂けましたら
親としてこんな嬉しいことはありません

ささやかな もてなししか出来ませんが
披露の小宴をご用意させて頂きました
ご多用中のこととは存じますが　是非ご来席賜りますよう
宜しくお願い申し上げます

未来をつくるため隠さずに

出来ちゃった婚。最近は授かり婚とも言われるくらい受け入れられるようになりました。

隠さずにオープンにする人も増えてきましたが、だからといって妊娠発覚の衝撃が軽くなったわけではありません。聞いてみるとみなさん同じプロセスをたどるようです。

ここで私がオープンにすることを勧めるきっかけになったある結婚式を紹介します。

新婦になる彼女は当時高校三年生でした。相手は彼女のお兄ちゃんの大親友で、ご両親は彼女の妊娠を聞かされた時、絶句したといいます。手料理でもてなすことが大好きなお母さんと気さくで優しいお父さんのおかげで、この家にはよく友達が遊びに来ました。彼もそんな中の一人で、まさにお兄ちゃんの一番の大親友でした。

両親の愛情を一身に受けて、卒業生代表の答辞を任されるほど品行方正なイイ子である娘が妊娠した。しかもまだ高校生。相手は息子同然に可愛がっていた息子の親友。彼がどこかの馬の骨ではないことは十分に承知していましたが、あまりにも若すぎます。

「なにも今でなくてもいい・・・」ご両親は若い二人のこれからを考えて何度も諭したそうですが、二人の意志が変わることはありませんでした。

初めて会った時の彼女の顔を今もはっきりと覚えています。

結婚が決まった晴れやかさなどみじんもない、暗く沈んだ顔でした。私は彼女の話をとことん聞いてみようと思いました。迷いがあっては前には進めません。

彼女は妊娠が分かった時のことをゆっくりと話し始めました。

「生理が来なくなった時は、本当に不安でした。もし妊娠してたらどうしよう・・・とそれしか考えられなくて、不安でたまりませんでした。今日も来ない、今日も来ない、って日がたつにつれて、もうたまらなくなって薬局に行って妊娠検査薬を買って・・・反応見るのも怖くてたまりませんでしたが、陽性の反応を見たときは目の前が真っ暗になりました」。

もう隠していられなくて、彼に伝えて一緒に病院に行くことにしたそうです。

「妊娠してますね、どうしますか？」

「お医者さんにこう言われた時は、もう驚きはありませんでした。多分妊娠してるんだろうなって思ってましたから。ただ怖くて横を見れませんでした。彼がどんな顔をしているかが不安でした。もし困った顔をしていたらどうしよう、嫌そうな顔だったら、ふてくされていたら・・・」

そんなことを思うと怖くて顔を上げることが出来ずにいました。

でも次の瞬間、彼がこう言ってくれたんです。

「産んでほしい、俺と結婚してほしい」って・・・。その瞬間、今まで真っ暗だった目の前がパァーっと明るくなったんです。

まさか診察室でプロポーズされるとは思ってもみなかったけど、そう言ってくれた彼が何だかまぶしくて、急に心がふわふわと軽くなって、心の中がジワーッとあったかくなってきて、あぁ私は一人じゃないんだ、彼がいっしょにいてくれてるんだ、彼についていけばいいんだって思ったら涙があふれてきちゃって、私、うんうんってうなずくことしかできなかったんです。

あの瞬間から私に怖いものはなくなりました。大変なことはわかってます。私が想像する以上かもしれません。でも彼となら絶対やっていけるって思うんです。

授かった赤ちゃんが、私にいろんなことを気付かせてくれたり、考えさせてくれたり、教えてくれたり・・・彼と私と赤ちゃんとでつくる未来に「踏み出す勇気」も「やりとげる自信」も赤ちゃんに後押しされてできたもの。だから絶対にあきらめたくなかったんです。でも・・・」

たどたどしく始まった話はだんだんと熱を帯び、せきを切ったように言葉をつないでいた彼女はふと口ごもりました。

「私達が選んだことに後悔はしていません。でも、そのことで両親を苦しめていることも事実です。私達が選んだことで両親を悲しませているのが本当に辛いんです」

彼女は強い意志を持つからこそ赤ちゃんを産むことを決意し、家族を愛しているからこそ両親が悲しむ姿が見ていられない。

……………………………………………………………………

ここまで彼女の話を聞き、お披露目のテーマがだんだんと見えてきました。

私の前に来るということは『結婚とお披露目をすることを決めている』わけですから「結婚してよかったね」という未来をつくる、「あの時あきらめないでよかったね」と言える未来をつくることが目標です。これがこの結婚式でのテーマです。

二人が頑張ることはもちろんですが、そんな未来を作りやすくするためには周囲の協力体制をつくることです。

家族に認めてもらい、親戚に協力してもらい、友人に応援してもらう。そんな関係をつくるために二人を披露する結婚式はどうあるべきか？

二人の熱意に根負けし、しぶしぶ結婚を認めたご両親が、「隠す結婚式」を望んでいることは明らかでしたが、私は『それだけはしてはいけない』と感じていました。

理由は、『夫婦の未来』を作れないからです。

結婚式はゴールではありません。その後に夫婦の生活はずっと続くのです。だからこそ、誰もが祝福してくれるできちゃった婚にしなくてはなりません。そのためには、二人が書く招待状からオープンにして、それに共感してもらってから参加してもらわなくてはなりません。

この時が、『Ｋｕｒｏｆｕｎｅ』では定番となっている、できちゃった婚の時の『隠さない招待状』の誕生の瞬間です。

しかし、「隠す結婚式」を望んでいる親御さんからしてみれば言語道断です。

「これ以上恥をかかせるつもりか？」

と声を荒げるお父さんに彼と彼女とと私の3人で土下座しながら一生懸命説明しました。

卒業直後にお披露目すれば周囲はいぶかしがる、「きっと何かある　ひょっとして妊娠?」などと推測が飛び交う。

数ヵ月後に出産の知らせが広まると「10、9、8、7・・・」と逆算して、「あぁあの時もう5カ月だったんだ、するとできた時は高校生・・・」その瞬間、今まで優等生だった彼女はとんでもない子になり、その後も当分は好奇の視線にさらされる。

そうさせない方法はただ一つ。

みんなを応援団にしてしまうしかない。

隠してごまかす者を誰も応援してはくれません。応援してもらうためには正直にならないと・・・

赤ちゃんができたかもしれない時の不安な気持ち、妊娠してるとわかった時の暗闇、診察室でのプロポーズ、その瞬間に未来が開けたこと、自分たちならやれると思ったこと、でも不安がいっぱいあること、だからこそみんなに知ってもらって助けてほしい、応援してほしいこと、そのために私と私とおなかの赤ちゃんのお披露目をしたいこと・・・それらを正直に書けばきっとみんなに二人の思いが届くはず・・・

渋々ながら了解してくれたお父さんの顔が、少しずつ優しくなっていったのは、その招待状を発送した翌日からでした。

私達の予想を大きく超える反響が次々ともたらされました。

招待状を受け取った方々から「感動した！」「がんばって！」という激励の言葉が次々に届いたのです。特に伯母さまからは「女性にとって赤ちゃんを産み育てることは大きな役割。その人が信じられるなら応援するわ」という激励が届きました。

さらに、友達のお母さんからは、「正直な話、娘を出席させることを迷っていました。でもあの招待状を娘と読んだら、同い年の娘を持つ親として応援せずにはいられなくなりました。友達なら精一杯力になってあげなさいと伝えました」というメッセージが届きました。
その反響の大きさに戸惑いながらも、私はお披露目の成功を確信しました。

いよいよ結婚式当日、招待状ですべてを告白してありますから、もう怖いものも不安もありません。会場の中には笑顔と「おめでとう」の言葉しかありませんでした。

このお披露目でやった特別なことといえば、二人が各テーブルを回って出席して下さった女性ゲスト全員にお腹をさすってもらったことです。
「五体満足に・・・」「無事元気に生まれますように・・・」そう願いながらふくらみ始めたお腹をなでる女性の顔は、みんなお母さんの顔をしていました。
そして最後は新婦さん自身が書いた手紙に全員がノックアウトされました。

今まで愛情で包み込んで育ててくれたこと
彼とのことや赤ちゃんのことを最後には認めてくれたこと
これから二人で頑張ること

いくつもの感謝や決意が述べられた最後に、

「この選択は間違いじゃないと思ってるけど、少しも後悔してないけど、でも、でも、ごめんなさい・・・ごめんなさい・・・ごめんなさい・・・」

泣きじゃくりながら「ごめんなさい」を言い続ける彼女の姿を見て、いったい誰が後ろ指を指せるでしょうか？　誰が「なぁんだ出来ちゃった結婚か・・・」と言えるでしょうか？

その場に立ち会った全員がもらい泣きをしながらこう思ったはずです。

「もうあやまらなくていいよ・・・さあ胸を張って元気な赤ちゃんを産めばいい。みんなで祝福するからね」

あの日あの場に立ち会い、号泣のあまり披露宴を3分間ストップさせたへボ司会者は、全員が同じ気持であったことを断言できます。

高校生の出来ちゃった結婚というショッキングな出来事に、ひょっとしたら誹謗中傷する側に回っていたかもしれないゲストの方々が、招待状の内容で応援団に変わり、新婦のお腹をなでて共犯者にランクアップしました。同じ秘密を共有する仲間です。もう何の心配もありません。

だってみんな産まれてくる日を指折り数えて楽しみにしてくれてるのですから・・・。

数ヵ月後、彼女のお父さんがひょっこり訪ねてきてくれました。満面の笑みが無事に出産を終えたことを物語っていました。そのお父さんが改めて深々と頭を下げてこんなことを言ってくださいました。

……………………………………………………

「娘が妊娠したって聞いた時は、打ちのめされた気分でした。あの二人が親の役目を果たせるとも思えんかったし、なによりわざわざ苦労するとわかっててその道を行かせたくなかった。それに周囲への体面もあった。でも、昨日あの子何とか無事に産んだんです。

出産ってのはほんとに命がけですねぇ。父親は何の役にも立たんかったけど、無事に元気な子を産んでくれました。あの招待状を出して、あの結婚式をして本当によかったと、昨日からしみじみ思ってます。あの結婚式に来てくれた人達がたくさん来てくれましてね。みんな自分のことのように喜んでくれました」

お話は続きます。

「うれしかったのは『おめでとう』の声しかなかったことです。何かを探るような目も、陰で聞こえるヒソヒソ話も、とってつけたような社交辞令もなにもなく、ただただ『おめでとう』って祝福してくれました。

娘が命がけで子供を産んだすぐ後にそんな好奇の目で見られたらたまらんかったと思います。娘の出産をこんなに手放しで喜べるのもあのお披露目があったからです。本当にありがとうございました」

……………………………………………………

そう言って頭を下げられたお父さんの姿は、今まで見た中で一番の優しい父親の顔をされていました。きっとこの顔でずっと育ててこられたのだろう。いい子が育つはずだと思いました。

私はこの時以来隠す結婚式を禁止しています。未来をつくるためにかく恥は、胸を張って正直に・・・二人が誠実であれば周囲は必ず受け入れてくれます。だって招待客って二人が人生で出会ったたくさんの人たちの中の、選りすぐりの大切な人ですもの・・・

後日談ですが、そのお父さんが笑いながら、「父親の本音」を聞かせてくれました。

・・

「不満があるわけじゃないんですよ。

ただね、親としては、卒業式を一緒に祝い、成人式の晴れ着を着せ、就職祝いのスーツを買い、何年かして最近様子が変だと想ったら『紹介したい人がいる』と言われ、男に渋々会って、渋々了解し、ウエディングドレス姿の娘をエスコートし、その二年後あたりに赤ちゃんができた事を知らされ、孫を抱く日を指折り数えて待つ・・・。

俺は、そのプロセスを一つひとつ楽しみたかったのに、なんでまとめてもって来るんだって」

この項の最後に、北海道でおこなった、まさに出来ちゃった婚のカップルの招待状をご紹介します。

届いた瞬間に〝みんなが応援団〟になってくださった内容です。

まだ20代前半の若いカップルでしたが、超プラス思考の親御さんで、隠すどころか、息子（新郎）が出来た、孫が出来たと大はしゃぎでした。

ぜひ、〝友人から〟〝甥っ子や姪っ子から〟届いたという気持ちで読んでみてください。

春の気配が感じられるとはいえ
まだまだ寒い日が続きますが　皆様いかがお過ごしでしょうか
寒い中ではありますが
私たちにとって　この冬一番の温かな報告をお届け致します
それは　新年の慌ただしさもようやく落ち着いた頃のこと…

ある日　麗奈のお腹の中から声が聞こえてきました
『産んでくれ～！！』
二人はこの声を聞き逃しませんでした…
まだ若い二人です 自分が親になるなんて想像もつきません
知識があるわけでも　経験があるわけでもありません

しかし今　僕を父親と思ってくれる魂が
私を母親と思ってくれる命が
お腹の中で確かな鼓動を打ち続けています
赤ちゃんに後押しされ
自然と夫婦になろうと思えることができました
『私たちを選んできてくれてありがとう
どんな事があっても私たちがあなたを守るからね』

麗奈のお腹が大きくなるにつれて
親としての責任感が増していきます

付き合ってもうすぐ5年目　今回　新たな生命を授かったことが
他のどの思い出にも勝る　何よりも嬉しい出来事でした
今まで自分たちが両親にしてもらってきたことを
同じように　今度は私たちが子どもにしてあげ
これから家族3人
笑顔や会話の絶えない明るい家庭を築いていきたい…
私たちは夫と妻　父と母になります

つきましては　今までお世話になりました皆様をお招きして
ささやかながら披露の小宴を催したいと存じます
ご来席頂きました皆様が心温まるような
おもてなしをさせて頂きたく　二人で準備を進めております
皆様の笑顔に励まされ　新たな一歩をスタート出来たら
これ以上に嬉しいことはありません
ご多用中のこととは存じますが是非ご来席賜りますよう
宜しくお願い申し上げます

でも、恋人気分を忘れないで

最後のハードルとして、結婚後の生活があります。これは皆さんに読んでいただきたいと思います。

結婚式をあげて、二人の新生活が始まると、初めのうちは全てが新鮮です。嬉しい、楽しい、ドキドキ、ワクワクだけではなく、『この人何なの？』とか『こんなはずじゃなかった』などの違和感も経験するでしょう。

ですが、しばらくすると二人の生活のリズムが出来てきて落ち着いてきます。こうなってくると、もう当たり前の日常ですね。

やがて子供が生まれると、新郎はお父さん、新婦はお母さんに次第にシフトしていきます。

こうなると、あれよあれよという間に、カップル時代にはない仕事や責任が次々と生まれ、それぞれの役割を淡々とこなす、といった日常になっていくことが多いものです。

最終的には、お互いへの興味がまったくなくなったり、だんだんと心の距離がはなれていく夫婦もいます。

先ほどもいいましたが、互いが見つめ合う関係から二人で一つの方向を見る関係にシフトし、二人で協力して家庭を営み、子育てをしていくパートナーになっていくわけです。だから、恋人の時のままの気持ちを持ち続けるのはおかしいかもしれません。

しかし、横に並ぶパートナーとの距離はやっぱり近い方がいい。

このことは、式の最中のお父さん、お母さんから教えていただきました。

会話の多いお父さん、お母さん。

いつも一緒に行動するお父さん、お母さん。

娘さんからの手紙を手をつないで聞いていたお父さん、お母さん。

こちらが羨ましくなるくらい仲のよい様子を拝見すると、嬉しくなってきます。

先日もこんな素敵なお父さん、お母さんがいましたのでここでご紹介します。


ある式で、最後に娘さんが両親に手紙を読む、っていう定番の流れがありました。

その時に、恥ずかしがって、お父さんの肩にぱっと顔を隠す仕草をしたお母さんがいて、それがすごくかわいい仕草で。

「ああ、このお母さんは、ずっと女の子のままでいさせてもらったんだなぁ、大切にされたんだな」って思いました。

娘さんが結婚するときに、そのお母さんは「**お付き合いしている時より、新婚生活の頃より、今のお互いが一番好き**」って言ったそうです。


それって素敵ですよね。愛しあっていた恋人時代とか、新鮮だった新婚時代とか、子育てしていて賑やかだった時代とか。

そういう昔を振り返るんじゃなくて、今が一番幸せって思えるって。

「好き」という気持ちは、当たり前にあるのではなく、育てていくものなんですよね。

夫婦になれば一緒に生活するのが当たり前。一緒に生きていくのが当たり前。

当たり前、当たり前・・・。

その当たり前の人とずっと一緒に生きていくなら、その人と過ごす時間が楽しい方がいいと思います。

愛し合って結婚したんだから、ずっと愛し愛されている方がいいと思いませんか？

恋人時代の気持ちが放っておいてもずっと続く・・・はずはありませんよね。

手をかけて恋人時代の気持ちを大切に育てていけば・・・きっと幸せな毎日が
それこそ当たり前にやってくるのかなと思います。

Column

最後におせっかい

私は、この10数年で数千件のカップルから相談を受け、『kurofuneスタイルの結婚式』で強くてしなやかな夫婦をつくるお手伝いをしてきました。

その中には、先ほど触れた「出来ちゃった婚」のカップルからの相談も多くあります。

そしてそのようなカップルが私のところへ来るということは「夫婦になる・産む・育てる」決意をしたということです。

本章の最後におせっかいとは思いますが、少しだけ思いを伝えたいと思います。

これからお話しすることは、現場のリアルな声として聞いてほしいのですが、子供ができた時、本当に「授かった」と受け止めているカップルと「妊娠した」と受け止めているカップルがいます。

その違いは「男の子の態度」と「女の子の目」に現れます。

男の子がしっかりと腹をくくっている場合、女の子は頼ることのできる存在がいますから、安心して未来を考えることができます。

では、男の子がしっかりと腹をくくってない場合はどうか？

女の子は「彼は変わってくれる、産まれたらいいパパになってくれる」と自分に暗示をかけます。

好き合ってお付き合いしているのですから、相手を憎からず思っていることは間違いないでしょう。だからといって「この人と一生を共に・・・」と思っているとは限りません。

実際に多くの人が「付き合う人と結婚する人は別」と言っていますし、20代前半では結婚をリアルに考えてお付き合いしてない人が多いでしょう。そもそも付き合う時点で結婚をイメージしろと言っても難しいことです。

しかし、二人の結婚への意識とは無関係に妊娠は起こりえます。

昨今の出来ちゃった婚は「授かり婚」とまで言われ、非常にポピュラーなものになりました。罪悪感を持つこともほとんどありません。

しかし堂々と公表することがある種の弊害を生んでいるようにも思います。それは「妊娠＝結婚」と安易に決めてしまう風潮です。

私はどうすることが正解だと述べる立場ではありませんし、そのカップルによって正解は違うとも思います。

ただはっきりと断言できるのは、結婚式の打ち合わせで私の前に並んで座るカップル、そのすべてが幸せそうな笑顔をしているわけではないということです。

『彼はきっと変わってくれる』『私の選択は間違ってない、きっと幸せになれる』と自分に暗示をかけながらウェディングドレスの試着をする新婦が確実にいます。

それが不幸になると決まったわけではありません。彼は子煩悩で素敵なダンナ様になるかもしれません。

自信を持って結婚したけどうまくいかないカップルもたくさんいます。全てのカップルに多かれ少なかれリスクはあります。

腹をくくれない男を前にした時、女の子はあきらめるか、自分に暗示をかけて前に進もうとします。見きわめてほしいと私が願うポイントはおわかりいただけますね？

ちなみに離婚率の全国平均は35％ですから再婚はめずらしくありません。

しかしバツイチの男女の数は同じはずなのに、再婚の比率は圧倒的に男性が上です。その理由は子供の存在です。

子供がいる場合親権はほぼ母親が取りますから、その人が再婚しようとする相手は同時に子供の父親にもなるということです。

私が子連れ結婚式をした回数はわずか10組ほどです。離婚率の全国平均は30％以上なのに・・・です。若いシングルマザーはたくさんいます。

そんな背景から、子連れ結婚式をプロデュースするたびに「奇跡」を感じてしまいます。なぜなら、『二人の気が合って、好きになって、子供の存在を含めて愛せて、子供がなついて、子供をわが子と思えて、子供が親と認める、さらには経済的根拠もある』

こんな数々の複雑な条件が揃わないと、子連れ結婚式は起こりえないからです。

そんな奇跡そうは起こりません。

最近私は、大学や高校から依頼を受けた時、これらの事実を詳しく伝える『だからこそ　この人！　と思える人が出来るまではいかにコンドームが大切か』という授業をさせてもらっています。

「ただ好き」とか「愛してる」ではなく、「この人といっしょに生きていきたい」と思う人に出逢うまではコンドームで「自分と相手の人生を守ってください」とお伝えしています。

結婚式の準備段階ではよく「一生に一度」という言葉が使われます。

概ねたいして必要でないものを買わせたり、値段の高いものにランクアップさせたりするときに・・・。

私は結婚そのものを決めるときに、いや、予期せぬ妊娠をしたときにこそ「一生に一度」と考えてほしいと思います。

エピローグ

～ 幸せな結婚への一番の条件 ～

◆強くてしなやかなカップルを目指してください

私がこの仕事をしている目的。それは「離婚をしない夫婦」づくりです。

離婚そのものを否定しているわけではありません。人生をリセットしなければならない時もあるかもしれません。人が変わってしまうことだってあるし、この人ではなかった・・・と気づくこともあるでしょう。

でも、一生のうちで「この人と結婚したい」と思える人といったい何人出会うでしょうか？

産まれてから死ぬまでの間に出逢うたくさんの異性の中で、「これからの人生をいっしょに歩んでいきたい」と思える出逢いがいったいいくつあるでしょう？

そう考えると離婚に至ってしまったその出会いは果たして本当に間違った選択だったのでしょうか？　本当にあきらめるべき出会いだったのでしょうか？

もしもっと、話し合っていたら、もしもっと相手の気持ちを考えていたら、もしもっとわかりあう努力をしていたら。

そんな、もしもっと・・・という名の後悔をしないためには、強くてしなやかなカップルをつくるしかない。

ガラスのように硬いけど割れてしまったり、グニャリと曲がったまま元に戻らない関係ではなく〝降りかかる困難をしなやかに受け止め、強靭な強さで跳ね返す〟そんな強くてしなやかカップルを作りたい。

そのための一番の条件はあきらめないカップルをつくること。今までいろんなことを伝えてきましたが、詰まるところ「あきらめない」という一言に集約されるような気がします。

離婚の最大の理由は価値観の違いだそうですが、結婚の理由を聞くと、価値観が同じという返事が返ってきます。

もともと違う環境で、違う親に育てられ、違う経験を積み重ねてきた二人です。

価値観なんて違うに決まってる。

その価値観の違いを認め合い、少しでも近くに寄り添えるよう、譲り合い、主張しあい、相手の言葉を聞き、相手の思いを察し、ケンカし、泣き、怒り、笑い、同じ時間を積み重ねていくのです。


あきらめさえしなければその行為はずーっと続く。

あきらめさえしなければ共に白髪まで、死が二人を分かつまで二人は夫婦でいられる。

世の先輩カップルはみんな口を揃えて同じことを言われます。

「時が経って、ようやく夫婦になった」と。

どうか強くてしなやかなカップルに、決してあきらめないカップルに、なってください。

そしてずっと先の未来・・・
例えばあなたのお父さんお母さんのようになった頃・・・

次のお話みたいな関係になれたら、ステキだとおもいませんか?

◆セカンドプロポーズのすすめ

私は、結婚式をする度にカップルとそれぞれの親御様ともお会いします。

協力して子育てをされた親御様、お一人で育て上げた親御様・・・どちらも共通するのは、溢れんばかりの愛情を持って育てられたことです。

結婚式の当日、無上の喜びと、役目を終えて安堵の気持ち・・・そして一抹の淋しさがあるでしょう。新郎・新婦どちらの親御様にとってもたくさんの気持ちが交錯されているのがよく分かります。

そして、結婚して夫婦となった二人は、必ず残されたご自身の親御さんの事を心配されます。

結婚式が終わった夜のわが家を想像してみてください。

夫婦になって随分時が流れた。二人で手を取り合ってスタートして、そのうちわが子を授かり、いつしか互いを「お父さん」「お母さん」と呼び合うように・・・。でも、今日をもって、とうとう身軽になった。愛しみ育てた娘（息子）が良きパートナーに巡り合い、今日夫婦になった。今朝、3人で出発した家に、二人で帰った。そしてこれからまた、夫婦二人の生活が始まる。ここ何十年も、子どもを介してしか向き合っていなかったように思う。一家の父として、一家の母として生きてきた。今日から、夫と妻に戻る。

さて、これからどう生きていきますか？　どんなふうに相手と過ごしていきたいですか？

何十年ぶりかで過ごす夫婦二人の毎日です。会話が無いより弾んだ方がいい、背中を向けるより、並んで歩いた方がいい、別々に過ごすより、一緒に出掛けた方がいい、明るい方がいい、楽しい方がいい、優しいほうがいい・・・。

「でもいまさら出来るだろうか？」

きっと、そう不安になるかもしれません。でしたら、子どもが結婚したことをきっかけに、もう一度、今まで一緒に歩んできたパートナーと向き合ってみませんか？

セカンドプロポーズをしませんか？

「今まで一緒にいてくれて、ありがとう」

「これからの人生もよろしくお願いします」

と、心機一転伝えてみませんか？

普段の生活の中では照れくさくて言えない方も多いようです。

最近、そんなご夫婦がたくさん伊勢にお参りにいらっしゃっています。

○伊勢祈念婚

神宮のある伊勢を舞台にして、私はお父さん、お母さんに向けた祈念婚もおこなっています。

まず、伊勢に着いたらそのまま衣装屋さんにお連れして、ご主人は紋付羽織袴に、奥様は色留袖にお召替えをしていただき、もちろんヘアメイクも施し、神宮参拝の正装になっていただきます。

そして、伊勢の衣装屋の女将の案内で神宮参拝へ。

「鳥居は神領域との結界。神様のお家の玄関みたいなものですから、息を合わせて一礼してください」

でも最初は、バラバラなんですよね。大抵のご主人はペコンと頭を下げて、大股でスタスタ歩いていっちゃう。でも、奥様はお着物ですから、小走りになってしまいます。

「奥様に合わせてください」「一緒に礼してください」なんて言いながら、幾つもの鳥居をくぐっていくと、不思議と少しずつ歩幅が合ってきます。

さらに、神宮内には百二十五の末社があり、その方々に合ったお宮に案内しながらお参りをしていただきます。こちらの二礼二拍手一拝の作法も最初はバラバラ、でも不思議と少しずつ呼吸が合ってきます。

そして、神宮参拝で必ずおこなっていただく三つの事柄があります。

その一つは、祝詞奏上。祝詞とは、神様への報告のようなもの。今まで一緒にやってこられたことへの感謝、そしてこれからの人生、気持ちを新たに夫婦として仲睦まじく歩んで行く気持ちを神様にお伝えします。

二つ目は、御神楽の奉納。宮中雅楽と舞の奉納を前に、お二人は出逢ってから今日までの来し方を振り返ります。

最後は、御垣内参拝。一般の方が参拝する更に中にお入りいただき、内玉垣御門前まで進み、正式参拝をしていただきます。今までの来し方に感謝し、これからも共に・・・を誓う瞬間。二礼二拍手一拝の作法が阿吽の呼吸で合うことに嬉しさを感じていただきます。


最初の鳥居をくぐる時にはバラバラだった礼が、幾つもの鳥居をくぐるうちに段々と合ってきて、あっという間に数メートル離れていた歩幅が、いつしか相手の足並みに合わせるようになります。

気が付けば、参拝の帰り道は並んで歩き、相手の顔を見ながら話すように・・・。

でも、思い出してみてください。昔はいつもこうやって歩いていたはずです。

横に並んで歩く歩幅を、一緒に歩く速さを、そして夫婦の会話を・・・伊勢神宮の長い参道が思い出させてくれます。

きっと、残りの何十年の大切な時間が、今までよりももっと仲睦まじく過ごせるはずでしょう。

だって、ずっと一緒にって約束したじゃないですか。

ここまでずっと二人でやってこれたじゃないですか。

私は、人生の大半を共に歩んできた最期の最後に「この人でよかった」とお互い思い合えるように・・・「あなたと歩めて幸せでした」と言えるように・・・これからの時間を大切に過ごしてほしい想いで、この祈念婚をお勧めしています。

ぜひ若い夫婦に「お父さん、お母さんみたいな夫婦になりたい」と言わせてみませんか?

仲睦まじいご両親でいるということは、若い夫婦の道のりを照らす光になることでもあります。

あとがき

ひと組ひと組のカップルとひとつひとつ作り上げてきた結婚式。その中で教わったり、気づいたり、感じたり、ひらめいたり・・・今も続くその積み重ねを丁寧にまとめあげた、まさに私にとっての夢の本です。

その夢の本の冒頭で私は「何のために結婚式をするのか？」をカップルに問いかけることからすべてが始まると切り出しました。

最後のあとがきでは、私は「何のために結婚式をつくるのか？」をお話させていただきます。


それはある夫婦を見て、「こんな夫婦をもっとつくりたい！」と心から思ったからです。

その夫婦とは私の両親です。

ある日、父のからだに食道がんが発見されました。抗がん剤・放射線の治療を受け、一度は完治したと喜びましたが、数ヵ月後リンパ節への転移が見つかりました。

医師から半年の余命を宣告され、父はまるで言いつけを守るように半年後に他界しました。

この最後の半年間は、残される私たち家族が、父のいない生活・・・つまり父の死を受け入れるために、父が用意してくれた時間のように思えました。


最後の3ヶ月間、父は病院のベッドで過ごしたのですが、傍らには24時間、常に母の姿がありました。その母にお弁当と着替えを届け、病室でひとときを過ごすのが私の日課になりました。

完全看護の病院にも関わらず、身の回りの物を置いた畳一畳ほどの簡易ベッドで寝起きし、父の世話をあれこれと焼く母。

最初は了承してくれていた医師や看護師さんも、数週間過ぎても一度も家に帰らない母を見て、「このままではお母さんが先に倒れてしまいます。我々にまかせて自宅で休んでください。」と強く勧めるのですが、母は「私は大丈夫です。それにもし倒れてもここは病院だから安心ですし・・・」とはぐらかすばかりでした。

身の回りのものがあるだけの小さな部屋。それはさながら新婚生活のようでした。朝になると父を起こし、ドライシャンプーで頭を洗い、顔を拭き、歯を磨き、パジャマを着替えさせ、シーツを取り換える。食事の時間になるとベッドの背もたれを起こし、自分もベッドの上に這い上がり、一口ずつ食べさせながら自分もいっしょに食事をとる。

父の好きなムード歌謡の音楽を流し、父が起きてると見ればあれこれと話しかけた。

父は余命わずかの末期がんです。きっともう身支度なんてどうでもよかったろう。きっと食欲なんてなかったと思う。

きっともう起きているのもつらいだろうに、黙って母の好きなようにさせている父・・・夫婦で過ごす時間をいつくしむように寄り添いつづける・・・その姿を見ていて心から思いました。

「こんな夫婦になりたい・・・」

父は亡くなる少し前、母にこんな言葉を残しました。

「おまえで よかった」

たった一言です。優しい父ではありましたが、昭和一ケタ生まれですから、甘い言葉なんて口にしたことは無かった。「ありがとう」すらほとんど言わなかったそうです。

母は、その後ずーっとこの言葉を宝物のように胸に抱き生きています。数十年を共に過ごし人生を寄り添って生きたパートナーとの最期の最後の時間に「あなたと生きれて良かった」と思える。そんな夢のような人生が目の前にありました。

母は、「私はお父さんにするべきことは全部した。だから思い残すことは何もない」と胸を張った。母はすごいと思う。父は優しいと思う。

そして父も母も本当に幸せだと思う。息子がうらやましく思うほどに・・・。

ブライダルプロデューサーを名乗るならば、このような夫婦を一組でも増やすこと。

私の原動力はここにあります。


将来こんな夫婦になれるよう、夫婦の土台をつくること。

そのお手伝いをする仕事がブライダルプロデューサーだと思っています。

生まれてきたことに意味があって、天から何かの役目をいただいたのだとしたら、私の役目はきっとこの仕事なのだろう・・・と。


私が直接プロデュースできるカップルは一年でわずか数十組。

でも私の思いが活字になり、読んで下さることで、少しでも多くのカップルのお役に立てたら・・・。


この本の出版は私の悲願でした。

私の思いを、行動力の男・武田勝彦さんへ託し、それが宮崎中央新聞社の水谷謹人さんへ巡り、最後に版元のごま書房新社の大熊賢太郎さんに繋がりました。

その本が完売となり、さらに上を目指して改訂版をつくることになりました。

私にとっては夢の続きをみる想いです。

私を育ててくださったすべてのカップルたちに心から感謝しています。


素敵な夫婦が出来れば、暖かい家庭が出来ます。

その家庭にはきっと素直な子供が育ち、その子供たちがいずれ優しい社会をつくっていきます。

そうやって素敵な街ができ、素敵な国になり、素敵な未来が広がっていく・・・。

結婚とは、その最初の一歩。結婚式は、その一歩を祝福と共に踏み出す大切な儀式。

「何のため」に・・・未来のために。

平成29年1月吉日

中村典義

著者略歴

中村　典義（なかむら　のりよし）

1966年、三重県生まれ。㈲クロフネブライダル代表取締役。

レストラン経営者時代に『何の為に結婚式を行うのか』を理念に、全くのゼロから独自のブライダルスタイルを確立する。その後、全国からのブライダル依頼に応えるため、㈲クロフネブライダルを起業し、全国へのブライダルプロデュース事業をスタート。現在は、北は北海道から南は沖縄まで結婚を控えたカップルのもとを日々駆け巡っている。
本質を突いたブライダルスタイルは口コミで広がり、宣伝広告費0円ながら20年以上に渡り日柄の良い日は全て予約で埋まっており、現在までのプロデュースは数千組におよぶ。また、著者のプロデュースによる成果の大きな特徴として『離婚率1%未満』という実績がその人気に拍車をかけている。
本業の傍ら、ブライダルセミナーや講演活動、婚礼会場のコンサルティングなど様々な依頼も増え、多忙なスケジュールをこなしている。

・クロフネブライダル ホームページ
http://www.kurofunet.com/bridal/

新版 ずっと幸せが続く
「魔法の結婚式」

著　者　中村 典義
発行者　池田 雅行
発行所　株式会社 ごま書房新社
〒101-0031
東京都千代田区東神田1-5-5
マルキビル7階
TEL 03-3865-8641（代）
FAX 03-3865-8643
印刷・製本　精文堂印刷株式会社

ISBN978-4-341-08663-3 C0034